本书受贵州财经大学学术专著资助专项基金资助

2018年度贵州财经大学引进人才科研启动项目（项目编号 2018YJ62）

中国县银行结构及绩效研究

（1915—1949）

陈宏亮　著

STUDY ON THE STRUCTURE AND
PERFORMANCE OF COUNTY BANK
IN CHINA（1915-1949）

中国社会科学出版社

图书在版编目（CIP）数据

中国县银行结构及绩效研究：1915—1949/陈宏亮著 .—北京：中国社会科学出版社，2021.5
ISBN 978-7-5203-8515-2

Ⅰ.①中… Ⅱ.①陈… Ⅲ.①县—银行—经济发展—研究—中国—1915-1949 Ⅳ.①F832.7

中国版本图书馆 CIP 数据核字（2021）第 095108 号

出 版 人	赵剑英
责任编辑	刘晓红
责任校对	周晓东
责任印制	戴 宽

出　　版	中国社会科学出版社
社　　址	北京鼓楼西大街甲 158 号
邮　　编	100720
网　　址	http://www.csspw.cn
发 行 部	010-84083685
门 市 部	010-84029450
经　　销	新华书店及其他书店
印　　刷	北京君升印刷有限公司
装　　订	廊坊市广阳区广增装订厂
版　　次	2021 年 5 月第 1 版
印　　次	2021 年 5 月第 1 次印刷
开　　本	710×1000　1/16
印　　张	13
插　　页	2
字　　数	183 千字
定　　价	69.00 元

凡购买中国社会科学出版社图书，如有质量问题请与本社营销中心联系调换
电话：010-84083683
版权所有　侵权必究

摘 要

以城市商业银行、农村商业银行、村镇银行等为代表的地方中小银行快速发展,它们的数量、规模、市场份额和竞争力持续提升,地方中小银行已经成为我国银行业的重要组成部分。但不能忽视的是,当前地方中小银行在发展过程中,出现不少问题,突出表现在独立性不够、特色化不明显、竞争力不足等方面。地方中小银行的改革和发展,一方面可以学习国外中小银行的经验,另一方面从中国地方中小银行历史中找到经验教训。近代中国县银行就是地方中小银行中较为典型的一类。本书以采集梳理的史料为基础,运用经济学和金融学理论研究近代中国县银行。全面阐述和分析1915—1949年中国县银行的结构和绩效,以期总结出可供现代地方中小银行改革和发展学习借鉴的经验教训。

本书以近代中国县银行的起源和发展脉络为基础,以县银行的结构和绩效为主线研究,得出县银行的研究结论与启示。文章包括三部分,共六章。

第一部分是导论,即第一章。该部分总启全文,阐述了文章的选题背景和研究目的,综述县银行的资料和相关研究情况,还阐述了本书的研究思路与研究方法、创新与不足、理论基础及相关概念界定等。

第二部分是正文,即第二章至第五章。主要内容有:

第二章近代中国县银行起源与发展。在介绍县银行产生背景的基础上,简要回顾西方银行思想如何引入中国,并得以萌芽和发展,最终产生县银行思想。阐述县银行的发展历程。内容如下:第一，总结西方银行思想在中国出现、萌芽、发展，以及县银行思想的产生。西方银行思想传入中国后逐渐分化，其中的银行专业化思想和地方银行思想逐步结合，产生了县地方农工银行思想，即县银行思想。第二，回顾县银行的起源、探索与兴衰历程。1915—1940年是县银行的起源与探索阶段。这一阶段的县银行包括县农工银行和其他以县域为营业范围的县域银行。在此期间，县银行发展缓慢甚至一度停滞。1940—1949年是县银行的发展与衰亡阶段。1940年《县银行法》的诞生标志着县银行进入了新时期。在国民政府的大力支持下，县银行数量迅速增加和覆盖范围迅速扩大，实现了一定程度的发展。1947年以后，县银行走向衰亡。

第三章近代中国县银行治理结构及其变迁。结合县银行官商合资的特点，围绕股权结构、组织结构和激励约束机制三个方面分析近代中国县银行的治理结构。主要内容如下：第一，县银行官商合资的股权结构。县银行的资本主要来自股权融资，包括官股和商股两个部分。县银行股权结构在农工银行时期，县银行的官商股份比例没有统一的要求，各地区各类县银行都有所不同。《县银行法》颁布以后，各地县银行都遵守官股比例不得超过一半的要求。第二，县银行的组织结构。县银行的外部组织结构采用单一银行制，一般不设立分支机构与跨区域经营的银行体制。县银行内部组织结构具有现代股份公司制的特点。第三，县银行的激励约束机制。可分为行政性激励约束机制、市场性激励约束机制两大类。行政性激励约束机制主要有：行政性官股高管选拔机制、官本位官股高管用人机制、银行经营管理人员职务变动和收入分配的行政性管理激励约束机制。市场性激励约束机制主要有：根据市场化的方式选拔商股高管的机制；商股高管的市场化用人机制；县银行高管的市场化权力激励约束机制。

第四章近代中国县银行业务结构及其变迁。本章围绕县银行的政策性业务和市场化业务两个方面，分析近代中国县银行的业务结构。主要内容如下：第一，县银行的政策性业务。按照业务规模的大小，政策性业务的重点是业务规模相对较大的政策性存款、放款和代理业务。政策性存款业务由公库存款和政府机构存款两部分构成。政策性放款的表现形式有公库透支和直接放款两种。代理业务主要有代理募集政府公债和辅币券等。第二，县银行的市场化业务。按照业务规模的大小，市场化业务以存款、放款和汇兑业务为主，重点是县银行的商业性存款的来源、分类、存款利率和准备金率。市场化放款是县银行最主要的放款方式，重点介绍市场化放款的用途、方式、利率等。

第五章近代中国县银行绩效及其变迁。根据县银行的目标和特点，构建县银行绩效评价体系，包括宏观、中观和微观三个方面。主要内容如下：第一，从县银行对县域经济金融业的绩效和县银行对新县制建设、战时经济金融政策等落实情况及其效果，考察县银行的宏观经济绩效和宏观政治绩效。第二，从县银行与县域银行业的构成、县银行的行业竞争力和市场占有率，分析县银行的中观绩效。第三，从经营绩效、组织绩效、人员绩效三个方面，分析县银行的微观绩效。

第三部分是结论与启示，即第六章。主要内容有：

第六章在县银行结构和绩效研究的基础上，得出结论和启示。

根据本书的研究内容，得出有关近代中国县银行治理结构、业务结构、绩效和发展变迁的四点结论：一是近代中国县银行治理结构的核心是官股与商股的关系；二是近代中国县银行业务结构的重心由市场化业务到政策性业务的转变；三是近代中国县银行绩效水平有限的根源是核心竞争力不足；四是近代中国县银行发展由诱致性变迁到强制性变迁的转变。

根据研究内容和结论，结合目前地方中小银行的实际，得到三点启示：一是地方中小银行发展需要厘清政府与银行的关系；二是地方中小银行发展需要构建合理的治理结构；三是地方中小银行需要明确服务地方的发展战略。

本书的创新之处主要有三点：一是研究内容的创新。近年来，有关近代中国地方中小银行的研究较少,其中近代中国县银行的研究成果仅有数篇学术论文,尚未发现县银行发展整个时期的系统性研究成果。本书为近代中国银行史,特别是地方中小银行史的研究做出了积极的探索。二是研究视角的创新。在目前发现的近代中国县银行研究成果中,主要对县银行的某一时段或某一方面的研究。尚未发现从银行结构和绩效角度,对近代中国县银行整个发展阶段的研究成果。三是研究资料的创新。本书研究过程中,通过在国家图书馆、四川省档案馆、贵州省档案馆等史料保存机构实地查阅,以及民国期刊、书籍、网络数据库等渠道,收集部分一手和二手资料,其中一些资料是首次公开使用。

关键词:近代中国;县银行;结构;绩效

Abstract

Local small and medium - sized banks, represented by urban commercial banks, rural commercial banks and rural banks, have developed rapidly. The number, scale, market share and competitiveness of local small and medium - sized banks continue to improve, which has become an important part of China's banking industry. However, we cannot ignore that there are many problems in the development of local small and medium - sized banks, such as lack of independence, lack of distinctive characteristics and lack of competitiveness. The reform and development of local small and medium - sized banks, on the one hand, can learn from the experience of foreign small and medium - sized banks, on the other hand, we can find experience and lessons from the history of local small and medium - sized banks in China. In modern China, county banks are a typical type of local small and medium - sized banks. Based on the collected historical materials, this book uses the theories of economics and finance to study the county banks in modern China, comprehensively expounds and analyzes the structure and performance of China's county banks from 1915 to 1949, in order to summarize the experience and lessons for the reform and development of modern local small and medium - sized banks.

Based on the origin and development of county banks in modern China, this book takes the structure and performance of county banks as the main line of study and draws the research conclusions and enlightenment of county banks. It consists of three parts and six chapters.

The first part is the introduction, namely the first chapter. This part introduces the full text, describes the background and research purpose of the article, summarizes the data and related research situation of the county bank, and expounds the research ideas and research methods, innovation and deficiency, theoretical basis and related concept definition of this book.

The second part is the main body, namely the second chapter to the fifth chapter. The main contents are as follows:

The second chapter is the origin and development of county banks in modern China. On the basis of introducing the background of the county bank, this chapter briefly reviews how the western bank thought was introduced into China, and then it sprouted and developed, and finally produced the county bank thought. This chapter expounds the development process of County bank. The contents are as follows: first, summarize the emergence, germination and development of Western banking thought in China, as well as the emergence of county bank thought. After the introduction of western banking thought into China, the thought of bank specialization gradually combined with the thought of local bank, resulting in the thought of county local Agricultural and Industrial Bank, that is, the thought of county bank. Second, review the origin, exploration, rise and fall of County bank. 1915 – 1940 is the origin and exploration stage of county bank. The county banks in this stage include County Agricultural and Industrial banks and other county banks whose business scope is county. During this period, the development of county banks was slow and even stagnated. The period from 1940 to 1949 was the stage of development and decline of county banks. The birth of "County Bank Law" in 1940 marks that county bank has entered a new period. With the strong support of the national government, the number of county banks increased rapidly, and the coverage expanded rapidly. After 1947, the county bank declined.

The third chapter analyzes the governance structure of county banks in modern China. Combined with the characteristics of joint venture between government and business of county banks, this paper analyzes the governance structure of county banks in modern China from three aspects: ownership structure, organizational structure and incentive and restraint mechanism. The main contents are as follows: first, the equity structure of the joint venture of county banks. The capital of county bank mainly comes from equity financing, including official shares and commercial shares. The equity structure of county bank in the period of Agricultural and Industrial Bank had no uniform requirement for the proportion of official and commercial shares of County bank. After the promulgation of the "county bank law", all the county banks comply with the requirement that the proportion of official shares should not exceed half. Second, the organizational structure of county banks. The external organizational structure of county banks adopts a single banking system, and generally does not set up branches and cross regional banking system. The internal organizational structure of county bank has the characteristics of modern stock company system. The administrative incentive and restraint mechanism mainly include: the selection mechanism of administrative official stock executives, the employment mechanism of senior executives based on official shares, the administrative management incentive and restraint mechanism of bank managers' job changes and income distribution. The market incentive and restraint mechanism mainly include: the mechanism of selecting commercial stock executives according to the market – oriented way; the market – oriented employment mechanism of commercial stock executives; and the Market – oriented Power incentive and restraint mechanism of County bank executives.

The fourth chapter is the business structure of the county banks in modern China. This chapter analyzes the business structure of county banks in modern China from two aspects: policy business and market – oriented business. The main contents are as follows: first, the policy business of County bank. According to the size of business, the focus of policy business is policy deposit, loan and agency business with relatively large business scale. Policy deposit business consists of two parts: public deposit and government institution deposit. There are two forms of policy lending: overdraft and direct lending. Agency business mainly includes raising government bonds and auxiliary currency bonds. Second, the market – oriented business of county banks. According to the size of the business, the market – oriented business is mainly composed of deposit, loan and exchange business, focusing on the source, classification, deposit interest rate and reserve ratio of commercial deposits of county banks. Market oriented lending is the most important lending mode of county banks. This chapter focuses on the purpose, mode and interest rate of market – oriented loan.

Chapter five studies the performance of county banks in modern China. According to the objectives and characteristics of county banks, the performance evaluation system of county banks is constructed, including macro, meso and micro aspects. The main contents are as follows: first, from the performance of county banks to the economic and financial industry of the county, and the implementation of the new county system construction and wartime economic and financial policies and their effects, the macroeconomic performance and macro political performance of county banks are investigated. Second, from the composition of county banks, banks system in county area, industry competitiveness and market share of county banks, the chapter analyzes the meso performance of county banks. Thirdly, it analyzes the micro performance of county banks from three aspects of business performance, organizational performance and personnel performance.

The third part is the conclusion and enlightenment, namely the sixth chapter. The main contents are the conclusion and enlightenment of the sixth chapter. On the basis of the research on the structure and performance of county banks, the conclusion and enlightenment are drawn

According to the research contents of this book, four conclusions about the governance structure, business structure, performance and development of county banks in modern China are drawn: first, the core of the governance structure of county banks in modern China is the relationship between official shares and commercial shares; second, the focus of the focus of business structure of county banks in modern China has changed from market – oriented business to policy – based business; thirdly, the root of the limited performance level of county banks in modern China is the lack of core competitiveness; fourthly, the development of county banks in modern China has changed from induced changes to mandatory changes.

According to the research content and conclusion, combined with the actual situation of local small and medium – sized banks, we can get three enlightenments: first, the development of local small and medium – sized banks needs to clarify the relationship between the government and banks; second, the development of local small and medium – sized banks needs to build a reasonable governance structure; third, local small and medium – sized banks need to clearly serve the local development strategy

There are three innovations in this book: the first is the innovation of research content. In recent years, there are few studies on the local small and medium banks in modern China. Among them, there are only a few academic papers on the research results of county banks in modern China, and the systematic research results of the whole period of the development of county banks have not been found. This book makes a positive exploration for the history of modern Chinese banks, especially the history of local small and medium – sized banks. The second is the innovation of research perspective. At present, the research results of county banks in modern China mainly focus on a certain period or aspect of county banks. There is no research on the whole development stage of county banks in modern China from the perspective of bank structure and performance. The third is the innovation of research materials. In the process of research, some first – hand and second – hand materials were collected through on – the – spot inspection in the National Library of China, Sichuan Provincial Archives, Guizhou Provincial Archives and other historical data preservation institutions, as well as journals, books, and network databases of the Republic of China, some of which were used publicly for the first time.

Key words: Modern China; County bank; structure; performance

目　　录

第一章　导论 …………………………………………………… 1
　　第一节　选题背景 …………………………………………… 1
　　第二节　文献回顾 …………………………………………… 3
　　第三节　研究思路和方法 …………………………………… 17
　　第四节　创新与不足 ………………………………………… 18
　　第五节　相关概念及问题说明 ……………………………… 19

第二章　近代中国县银行起源与发展 ………………………… 23
　　第一节　县银行的产生背景与思想萌芽 …………………… 23
　　第二节　县银行的起源与探索（1915—1940 年）………… 36
　　第三节　县银行的发展与衰亡（1940—1949 年）………… 47
　　本章小结 ……………………………………………………… 53

第三章　近代中国县银行治理结构及其变迁 ………………… 56
　　第一节　县银行官商合资的股权结构 ……………………… 56
　　第二节　县银行官商合办的组织结构 ……………………… 69
　　第三节　县银行的激励约束机制 …………………………… 78
　　本章小结 ……………………………………………………… 92

第四章　近代中国县银行业务结构及其变迁 ………………… 93
　　第一节　县银行的政策性业务 ……………………………… 93

第二节　县银行的市场化业务 …………………………… 102
　　本章小结 ……………………………………………………… 130

第五章　近代中国县银行绩效及其变迁 ………………………… 132
　　第一节　县银行宏观绩效分析 ……………………………… 133
　　第二节　县银行中观绩效分析 ……………………………… 138
　　第三节　县银行微观绩效分析 ……………………………… 154
　　本章小结 ……………………………………………………… 163

第六章　结论与启示 ………………………………………………… 166
　　第一节　结论 ………………………………………………… 166
　　第二节　启示 ………………………………………………… 170

参考文献 ……………………………………………………………… 178

第一章

导　论

第一节　选题背景

在2017年7月14日召开的全国金融工作会议上，习近平总书记指出，"金融是实体经济的血脉，为实体经济服务是金融的天职，是金融的宗旨，也是防范金融风险的根本举措"，同时强调"要改善间接融资结构，推动国有大银行战略转型，发展中小银行和民营金融机构"，"要建设普惠金融体系，加强对小微企业、'三农'和偏远地区的金融服务"。2017年10月18日，召开的中国共产党第十九次全国代表大会上，习近平总书记在报告中再次强调，要"深化金融体制改革，增强金融服务实体经济能力"。习近平总书记的讲话阐明了中小银行对于小微企业、"三农"和偏远地区，构建普惠金融体系的重要意义。当前中国银行业改革持续推进，利率市场化基本完成，民营银行准入逐渐放开，城商行、农商行、村镇银行等各类地方中小银行纷纷涌现的同时，不少新情况新问题随之产生。如何解决遇到的各种问题？中国历史上是否有可以参考借鉴的样本？答案是肯定的，近代中国县银行就是其中之一。近代中国县银行属于地方中小银行的一种，与当前中国的城商行、农商行、村镇银行有很多相似之处。由于这些相似之处，通过对县银行深入研究，发现县银行留下的经验教训，对当今中国具有一定的借鉴和参考意义。

纵观中国近代史，以银行为代表的金融实力强弱，是国家实力重要表现之一。伴随着外国在华经济势力的扩张，外资银行首先进入中国，成为中国的最早的一批新式金融机构。1845年英国东方银行在香港和广州设立分支机构，1847年东方银行在上海正式开办分行即"丽如银行"。半个世纪之后，第一家中资银行——中国通商银行于1897年成立。20世纪后，近代银行不断发展壮大，最终取代传统金融机构，成为中国金融业的中坚力量。中国近代银行的出现、成长和强盛，传统金融机构日渐式微的背后，展现的是中国小农业和家庭手工业相结合的自然经济瓦解、崩溃，近代商品经济不断发展以及中国近代化进程不断推进的一幅图景。正因为如此，银行史始终是中国近代经济史研究关注的焦点之一。由于外资银行、国家银行等各类大型银行占据着中国近代银行业的主导地位，引领着银行业发展潮流，它们始终是银行史研究的热点。近年来，随着中国银行业改革进程加快，银行种类的增多和研究视野的扩大，中小银行史、地方银行史引起了更多学者的关注，比如各地的私营银行、省银行研究成果明显增加。县银行作为近代中国地方银行中的一员，也作为区域性中小银行之一，是近代银行业的重要组成部分，其研究无疑具有较强的理论意义。

银行史是中国近代金融史的研究重点，外资银行、国家银行等则成为银行史研究的重中之重，但对于地方银行的研究却比较欠缺，没有引起足够的重视。"地方银行……不可否认的是，它们的诞生在我国银行业史上还是有一定意义的。"[①] 外资银行、国家银行和省银行等大型银行是主导中国近代银行乃至金融业发展变迁的核心力量，但是对于地方经济特别是县域经济而言，这些银行力所不及。正因为如此，《县银行法》规定县银行"以调剂地方金融，扶

---

① 姚遂：《中国金融史》，高等教育出版社2007年版，第290页。

助经济建设，发展合作事业为宗旨"①，对于县域金融和经济建设事业应具有十分重要的意义。其本来面目如何、是否履行了其历史使命、发挥了怎样的作用等情况应该值得深入挖掘。目前，有限的地方银行研究主要侧重省银行，但是对覆盖面和规模更小的县银行却很少涉及，对中国县银行的系统性研究和梳理非常欠缺。因此，从县银行的角度去分析近代中国地方中小金融机构和县域金融业的发展变化，能够扩展中国近代银行史的研究视角，充实中国近代地方银行史的研究内容。

本书将县银行作为研究主题，旨在通过对近代中国县银行的梳理和分析总结，一方面拓展中国近代银行史的研究领域，弥补对地方银行史、中小银行史方面研究的不足；另一方面以史为鉴，为完善现有的各类地方中小银行提供思路和建议。

第二节 文献回顾

就笔者发现和掌握的资料情况，不仅尚未发现国外关于近代中国县银行的研究，而且国内对近代中国县银行的深入和系统研究还十分缺乏。有关资料主要集中在两个时期，第一个时期是民国时期，以见诸各类报刊、金融期刊等资料为主，包括对县银行有关情况的介绍、讨论和相关消息。第二个时期是新中国成立以后，有关县银行的大部分资料散见于金融史、银行史的研究或资料中，偶见个别县银行研究的专题论文。现将有关研究情况做如下述评：

一 民国时期中国县银行的研究文献回顾

民国时期是中国县银行研究文献资料和研究成果最多的阶段，研究时段基本上与县银行的存续时间相当。当时，包括各级政府官

---

① 中国人民银行江苏省分行、江苏省金融志编委会：《中华民国金融法规档案资料选编》，档案出版社1989年版，第638页。

员、银行管理人员、专家学者在内的各类机构和人员对县银行发表观点、意见和研究，内容涉及县银行的设立、建设、发展、完善、存废等方面。研究资料包括法律法规、专著、报纸、期刊等。

文献资料包括法律法规《农工银行条例》《县银行法》《县银行章程准则》《财政部授权各省财政厅监理县银行业务办法》等。除此以外，部分地区或个人编写了县银行手册、实务指导等工具书，以实务操作性为主。广西银行总行经济研究室编印的《县市银行手册》，共分为六章，包括设立县市银行介绍、筹备步骤、行址选择、内部组织、内设机构职责以及相关法规制度。该手册主要是广西指导县市银行筹设工作之用的工具书，用于指导县银行的筹设等各项具体工作。[1] 类似的还有陕西省财政厅编印的《陕西县银行服务人员手册》[2]，高造都《县银行实务论》[3]，彭俊义《县银行业务与会计》[4]。

有关早期县银行历史的专著有卓宣谋的《京兆通县农工银行十年史》[5]。该著作详细介绍了通县农工银行的筹设经过、组织形式、业务规程、营业情况、历史沿革等内容，时间横跨1915—1925年整整十年。这是笔者目前发现的唯一一本比较完整介绍一家早期县银行的史料。系统介绍全国县银行相关资料和数据的著作目前发现有两本。一本是王沿津编著的《中国县银行年鉴》[6]，全书分为六编，包括中国县银行史料、中国县银行调查、县银行有关法规等。书中简要叙述中国县银行发展历史，逐一介绍全国现有县银行的简况，包括每家县银行的简史、地址、资本总额和负责人等情况。另一本是沈长泰编著的《省县银行》[7]，在阐明银行与国民经济的关系和我

---

[1] 广西银行总行经济研究室编：《县市银行手册》，1944年编印。
[2] 陕西省财政厅编：《陕西县银行服务人员手册》，1944年编印。
[3] 高造都：《县银行实务论》，新金融出版社1944年版。
[4] 彭俊义：《县银行业务与会计》，大众印书馆1944年版。
[5] 卓宣谋：《京兆通县农工银行十年史》，大慈商店1927年版。
[6] 王沿津：《中国县银行年鉴》，文海出版社1948年版。
[7] 沈长泰：《省县银行》，大东书局1948年版。

国银行事业发展历史的基础上,分别对中国省银行和县银行的历史沿革、组织概况、资本情况、业务范围及监督、财务制度安排等具体情况做了介绍。

还有一些涉及县银行的著作,如吴承禧的《中国的银行》[①],王志莘的《中国之储蓄银行史》[②],千家驹的《中国农村经济论文集》[③],徐学禹、丘汉平的《地方银行概论》[④],交通银行总管理处的《各国银行制度》[⑤],邹宗伊的《中国战时金融管制》[⑥],寿进文的《战时中国的银行业》[⑦],姚公振的《中国农业金融史》[⑧],中国通商银行的《五十年来之中国经济(1896—1947)》[⑨],朱斯煌的《民国经济史》[⑩]等。

除了上述专著或者资料之外,还有许多专题论述县银行某个方面内容的文章,零散刊载在当时公开发表的报纸期刊上,以银行所办的刊物为主,其中全国性和地方性刊物,经济类刊物和非经济类刊物均有发现。刊载县银行有关主题文章的全国性刊物有《中央银行经济汇报》《金融导报》《钱业月报》《银行周报》《中行月刊》《银行季刊》等,地方或行业性刊物有《陕行汇刊》《四川经济季刊》《西康经济(季刊)》《广东省银行(季刊)》《安徽政治》《农贷消息半月刊》等。这些文献研究主要集中在以下几个方面:

(一)关于县银行设立的研究

主要集中在两个时期,一个是早期县银行[⑪],即以农工银行的

---

① 吴承禧:《中国的银行》,商务印书馆1934年版。
② 王志莘:《中国之储蓄银行史》,新华信托储蓄银行1934年版。
③ 千家驹:《中国农村经济论文集》,中华书局1935年版。
④ 徐学禹、丘汉平:《地方银行概论》,福建省经济建设计划委员会1941年版。
⑤ 交通银行总管理处:《各国银行制度》,交通银行总管理处1943年编印。
⑥ 邹宗伊:《中国战时金融管制》,财政评论社1943年版。
⑦ 寿进文:《战时中国的银行业》,出版社不详,1944年版。
⑧ 姚公振:《中国农业金融史》,中国文化服务社1947年版。
⑨ 中国通商银行编:《五十年来之中国经济(1896—1947)》,中国通商银行1947年编印。
⑩ 朱斯煌:《民国经济史》,《银行周报》三十周年纪念刊,银行学会1948年编印。
⑪ 县银行的概念、范围等有关问题,在后文的相关概念界定部分说明。

研究为代表，另一个是在《县银行法》颁布前后。马寅初认为德法日等国家的银行制度比较完备，如日本有中央银行、商业银行、劝业银行、农工银行等，界限分明。设立农工银行既是世界的大势所趋，也是发展中国落后农工业的实际需要。① 熊国清认为农工银行的设立能够加快资金周转，减少农民所受的高利贷盘剥之苦。唐庆永、陈威②等人亦有相似观点，认为县银行有助于减少高利贷，缓解百姓资金困难。魏颂唐认为应该普遍设立农工银行，并根据各地农工业的具体情况，分轻重缓急确定农工银行的发展策略，不能一概而论。在筹设之前应该做好详尽的调查，确定振兴农工业的计划。③ 李蔚之认为我国土地和劳动力等基本生产要素已经具备，由于自然灾害、战祸等因素，依靠农民自有资金无力发展农工业，设立农工银行刻不容缓。④ 陈开夫认为县银行的设立能够使再生产灵活化，解放农民在高利贷下的压迫，促进农村经济的发展和生产力。⑤

（二）关于县银行制度的研究

刘峙认为农工银行是调剂金融发展实业的机关，活动金融、复兴农业、振兴工商业是农工银行所肩负的使命。农工银行的盛衰与人民事业的盛衰息息相关。⑥ 唐庆永认为县银行的出现使得我国银行制度更加完备，县银行制度的实施，是抗战和中华人民共和国成立的重要一环。⑦ 郭荣生认为扶植县银行有利于中国农业金融制度的建立。瞿仲捷、萧大镛等人认为县银行是县本位金融制度的中心，对于抗战、中华人民共和国成立、民生有重大意义。⑧

---

① 马寅初：《创设农工银行之必要》，《晨报副刊》1922年11月1日。
② 唐庆永、陈威：《县乡银行之必要及办法》，《中央周刊》1941年第34期。
③ 魏颂唐：《浙江农工银行问题》，《银行周报》1927年第43期。
④ 李蔚之：《发展我国农工银行之刍议》，《东吴》1933年第2期。
⑤ 陈开夫：《县乡银行与中国农村经济》，《绸缪月刊》1936年第6期。
⑥ 刘峙：《农工银行之使命》，《河南政治》1933年第9期。
⑦ 唐庆永：《论县银行制度》，《金融导报》1940年第4期。
⑧ 萧大镛：《论县乡银行制度》，《安徽政治》1942年第2—3期。

(三) 对于县银行的股本和资金问题

马寅初认为中国民间资金有限，应该先由政府创办农工银行，然后再招募商股。魏颂唐也认为应由政府出资农工银行所设定的一半以上的股本设立。① 李蔚之有相似观点，认为农工银行有助于促进本地农工业的发展，其股本应该得到地方政府和公共团体的大力扶助，还应该由政府帮助农工银行发行债券筹集资金。② 瞿仲捷认为县银行股东有其特殊性，所在县人民直接或间接成为县银行的股东，又是县银行的顾客，两者合为一体。③ 萧大镛认为县银行资本来自本地公私资金，用于开发地方经济，具有地方特性。袁宗蔚提出应增加县银行的地方官股，以加强地方政府对县银行人事、业务等方面的控制。④

(四) 关于县银行业务的研究

马寅初认为农工银行短期放款不能满足农工业发展的需要，应该延长时限，以中长期放款为宜。其抵押担保物品应该考虑农工业的特殊性，不能与其他行业相提并论。⑤ 熊国清亦认为农工银行应该以发放中长期借款为主。魏颂唐认为农工银行的业务范围应该以农工业的抵押放款和信用放款为限。李蔚之则认为农工银行除了经营普通存放款业务之外，可以兼营保险业务。唐庆永认为县银行应倡导票据的使用，促进票据及贴现业务的发展。姚溥荪认为县银行的业务只能是农业一个方面。包括农资肥料贷款、农家副业贷款。⑥ 方振经认为县银行以县为界，其汇兑业务应该由省政府设立管理机构，便于各县银行业务往来。⑦ 韦宇宙认为县银行可以帮助县政府

---

① 魏颂唐：《浙江农工银行问题》，《银行周报》1927年第43期。
② 李蔚之：《发展我国农工银行之刍议》，《东吴》1933年第2期。
③ 瞿仲捷：《对于县乡银行之认识》，《中央银行经济汇报》1941年第9期。
④ 袁宗蔚：《改进各县县银行业务拟议》，《财政评论》1944年第12卷第6期。
⑤ 马寅初：《创设农工银行之必要》，《晨报副刊》1922年11月1日。
⑥ 姚溥荪：《县银行与合作金库》，《农贷消息半月刊》1941年第10期。
⑦ 方振经：《论县银行》，《银行季刊》1941年第3—4期。

融通财政资金，配合县乡改造、清理公款等。①

（五）关于县银行与其他金融机构关系的研究

主要是与钱庄、县合作金库、省银行等金融机构之间的关系。马寅初认为创办农工银行有利于减少钱庄的高利贷行为，让民众获得合理成本的资金。熊国清认为农工银行与一般商业银行性质不同，不能只考虑自身利益，还有扶助农工业的使命。唐庆永认为县银行因不与民争利，故与其他金融机构并不冲突。郭荣生认为将当地原有地方金融机构合并、裁撤、改组为县银行，可以减少地方金融机构的摩擦，增加金融机构效率，节省经费和集中人才。②晓帆认为县银行与合作金库同属于农业合作金融系统，但是县银行的资本规模较合作金库更小，两者所针对的对象应该有所区分，不至于产生业务竞争。③姚溥荪认为县银行以农业合作社为主要经营对象，应由县银行经营农村合作贷款。合作金库本质上则属于合作银行。④瞿仲捷认为县银行为以该县为本位的地方银行，与普通银行和省银行定位均有差别。⑤袁宗蔚提出省县银行宗旨类似，应予以合并。省银行在各县的分支机构与县银行合并经营，以弥补县银行资本不足的缺陷。中央和省银行设立相应督导机构，自上而下形成完整的体系。⑥

（六）关于县银行在战后存废问题的研究

抗日战争结束后，关于县银行的存废问题，引发了各界的热烈讨论，有人认为县银行有继续存在的必要，也有人认为县银行应该废除。在支持保留县银行的观点中，袁榜先的论述较为完整。他认为县银行虽然存在一些问题，但还不至于废除。经过改进之后仍有

---

① 韦宇宙：《论县财政与县银行》，《财政知识》1943年第3期。
② 郭荣生：《县乡银行与农业金融制度之建立》，《经济汇报》1941年第7期。
③ 晓帆：《合作金库，县银行，农民信用贷款所》，《合作评论》1941年第1卷第2期。
④ 姚溥荪：《县银行与合作金库》，《农贷消息半月刊》1941年第10期。
⑤ 瞿仲捷：《对于县乡银行之认识》，《中央银行经济汇报》1941年第9期。
⑥ 袁宗蔚：《改进各县县银行业务拟议》，《财政评论》1944年第12卷第6期。

继续发展的可能。提出一些具体建议：由财政部成立县银行总行和各省办事处，帮助各县银行的建设；设立县银行联合办事处，加强各县银行之间的联系，如调拨头寸、沟通汇兑业务；强化省财政厅对县银行业务的监督；与省银行、当地国家银行订立透支契约，在县银行头寸短缺之时获得同业资金支持；联系省银行办理县银行再贴现、转抵押业务。① 在支持废除县银行的观点中，许廷星有一定代表性。他认为县银行设立的三大目标：扶助地方经济建设，建立内地金融网，配合新县制贯彻地方财政金融政策。但实际情况是县银行资本微薄，且受营业地域限制导致资金吸收和活动范围有限，以及缺乏领导机构和县银行之间的横向联系。②

二 新中国成立以来近代中国县银行的研究文献回顾

新中国成立至改革开放，对中国近代银行史的研究成果极为少见。有关县银行的研究主要集中在改革开放以后，随着中国金融业持续发展，银行业改革不断深入，中国近代银行史的研究引起了更多的关注。可以将这一时段与县银行研究相关的文献分为两类：一是涉及近代中国县银行的文献资料和研究成果，主要有全国性或地方性的金融史料汇编，各地区政协组织编印的文史资料，以及各省市县地方志、金融志，在近代金融史、银行史的著作和论文中也有所涉及；二是中国近代县银行的专题研究。目前没有发现中国大陆以外地区的有关近代中国县银行的相关研究成果。下面分别梳理介绍这些文献：

（一）涉及近代中国县银行的文献资料和研究成果情况

新中国成立以来，我国学者编写了大量中国银行史或中国近代银行史的著作，以银行机构的发展演变为研究对象的主要著作有：张郁兰的《中国银行业发展史》，姚会元的《中国货币银行

---

① 袁榜先：《现阶段县银行业务之检讨》，《经建季刊》1946年创刊号。
② 许廷星：《战后县银行存废问题》，《四川经济（季刊）》1945年第3期。

(1840—1952)》[1]，黄鉴晖的《中国银行业史》[2]、李一翔的《近代银行与企业的关系（1895—1945）》[3]，钟思远、刘基荣的《民国私营银行史（1911—1949年）》[4]，刘慧宇的《中国中央银行（1928—1949）》[5]，薛念文的《上海商业储蓄银行研究》[6]，李一翔的《近代中国银行与钱庄关系研究》[7]，兰日旭的《中国金融现代化之路：以近代中国商业银行盈利性分析为中心》[8]，刘永祥的《金城银行：中国近代民营银行的个案研究》[9]，诸静的《金城银行的放款与投资（1917—1937）》[10]，孙建华的《近代中国金融发展与制度变迁（1840—1945）》[11]，刘平的《近代中国银行监管制度研究》[12]。除此以外，还有一些近代银行史料整理出版，比如《金城银行史料》[13]《上海商业储蓄银行史料》[14]《交通银行史料》[15]《中国银行行史资料

---

[1] 姚会元：《中国货币银行（1840—1952）》，武汉测绘科技大学出版社1993年版。
[2] 黄鉴晖：《中国银行业史》，山西经济出版社1994年版。
[3] 李一翔：《近代银行与企业的关系（1895—1945）》，东大图书股份有限公司1997年版。
[4] 钟思远、刘基荣：《民国私营银行史（1911—1949年）》，四川大学出版社1999年版。
[5] 刘慧宇：《中国中央银行（1928—1949）》，中国经济出版社1999年版。
[6] 薛念文：《上海商业储蓄银行研究》，中国文史出版社2005年版。
[7] 李一翔：《近代中国银行与钱庄关系研究》，学林出版社2005年版。
[8] 兰日旭：《中国金融现代化之路：以近代中国商业银行盈利性分析为中心》，商务印书馆2005年版。
[9] 刘永祥：《金城银行：中国近代民营银行的个案研究》，中国社会科学出版社2006年版。
[10] 诸静：《金城银行的放款与投资（1917—1937）》，复旦大学出版社2008年版。
[11] 孙建华：《近代中国金融发展与制度变迁（1840—1945）》，中国财政经济出版社2008年版。
[12] 刘平：《近代中国银行监管制度研究》，复旦大学出版社2008年版。
[13] 中国人民银行上海市分行金融研究室编：《金城银行史料》，上海人民出版社1983年版。
[14] 中国人民银行上海市分行金融研究所编：《上海商业储蓄银行史料》，上海人民出版社1990年版。
[15] 交通银行总行编：《交通银行史料》，中国金融出版社2000年版。

汇编》①《中央银行史料（1928—1949）》②《稀见民国银行史料初编》③等，其他有关近代中国银行史的学术论文数量过多，不在此赘述。其中一些文献提及了县银行，但内容极少，仅为个别段落或字句。比如张郁兰提道"银行最早在农村中设立的是1915年北京附近的通县、昌平和宛平的农工银行"。④

  对近代中国县银行有关内容论述较多的著作是姜宏业主编的《中国地方银行史》。这是目前唯一一部全面研究中国近代地方银行史的重要著作，包括地方官银钱号、省市银行、革命政权银行和少数民族地区的货币四大部分。全书近200万字，在该书第二编"中国地方省市银行"中，较为详细地介绍了中国近代地方省市银行的历史和概况。该编第一章概述了中国地方省市银行产生的背景，分不同时期介绍了地方银行的变化：1911年辛亥革命至1927年北洋军阀统治时期，为适应各地方军阀政府的需要，在清末建立起来的地方金融机构到了民国时期继续发展。各地军阀的军政费用主要依靠地方金融机构滥发纸币来实现。1927—1937年，南京国民政府时期各地方银行的业务，在军阀混战地区滥发纸币，供给军政费用仍占主要地位。1937—1949年，在战时经济体制下，地处抗战大后方的地方银行，需要大力发展地方经济，着重推行中央政府战时金融经济政策。战后在全面内战、恶性通货膨胀等情况下，地方银行的正常业务无法开展，一般转向投机活动。直至1949年国民党政府覆灭后，近代中国地方银行史宣告结束。该编第二章逐一对全国主要的50家地方省市银行，其中包括25家省银行，9家院辖市和省辖市银行的沿革、组织结构、主要业务等情况做了介绍。⑤

  程霖在著作《中国近代银行制度建设思想研究》中探讨县银行

---

① 中国银行总行、中国第二历史档案馆编：《中国银行行史资料汇编》，档案出版社1991年版。
② 洪葭管：《中央银行史料（1928—1949）》，中国金融出版社2005年版。
③ 刘平：《稀见民国银行史料初编》，上海书店出版社2014年版。
④ 张郁兰：《中国银行业发展史》，上海人民出版社1957年版，第89页。
⑤ 姜宏业：《中国地方银行史》，湖南出版社1991年版。

制度思想。将县银行制度思想列为地方银行制度思想的一种，主要论述民国时期《县银行法》出台之后，改良县银行制度思想的情况。主要围绕当时社会各界对县银行设立必要性的讨论情况进行阐述。作者选取了袁宗葆、吴承禧等人对县银行设立与否的主要看法和理由，认为"当时人们对于省县地方银行是否具有存在的必要性，存在严重分歧，这说明当时人们对于地方银行制度在中国银行制度中究应处于怎样的地位，意见是不一致的"。[①]

汪敬虞主编的《中国近代经济史（1895—1927年）》中，介绍中国近代资本主义在金融业发展和变化情况时，对北洋政府时期的地方银行进行了分类，并介绍了其特点。将地方银行分为五种：第一种是以军队防区作为地方金融机构的基础，如四川的省级地方银行——浚川源银行；第二种是军事上得势的军阀轮流所辖地的地方银行，如湖南银行；第三种是由比较稳定地归一派军阀掌握和统一管理的地方银行，如东三省银行；第四种是将经营重点放在上海，商业色彩较为浓厚的地方银行，如浙江地方实业银行；第五种是广东的地方银行。广东是孙中山的北伐根据地，因而广东的地方银行政治色彩强，政治变动大。作者还介绍了地方银行与其他商业银行相比较所具有的特点。但是以上关于地方银行的论述中，均以各地省银行为例，几乎没有县银行的情况。[②]

李飞、赵海宽、许树信、洪葭管主编的《中国金融通史》（六卷本），涉及了地方银行，仅提及县银行的一些情况。其中，杜恂诚所著的《中国金融通史》（第三卷）（北洋政府时期），专门用一章介绍省地方银行，对地方银行进行分类，并大致介绍了地方银行的组织机构和经营管理，认为北洋政府时期的地方银行主要充当地

[①] 程霖：《中国近代银行制度建设思想研究》，上海财经大学出版社1999年版，第215页。

[②] 汪敬虞编：《中国近代经济史（1895—1927年）》，人民出版社2000年版。

方财政的工具,处于畸形发展阶段。①洪葭管所著的《中国金融通史》(第四卷)(国民政府时期),提道"战前本来很少的县银行在战时普遍设立",合并统计了1937—1946年省市县银行的数量。②

刘克祥、吴太昌主编的《中国近代经济史(1927—1937年)》中,在论述国家垄断资本的形成时,将县地方官办银行与"四行二局"、中国国货、农商、中国通商、中国实业、四明商储等商业银行和省地方官办银行一并列入国民党国家银行资本。概述性地介绍县银行的数量和业务等情况。县地方官办银行数量明显增长,还有若干数量的县办银行,大部分是农工银行,其数量增加,但资本规模小。"这些地方银行除经营普通银行的一般事务外,还承担一些独特业务,如代理省市政府发行债票和还本付息;保管省市、县属各机关及公共团体的财产和资金;代理省市金库以及发行兑换券,等等"。但是,书中将县银行和省银行一并统计在"地方官办银行"中,而且没有具体的银行名称及分布等详细情况。③

时广东对近代四川四十年的银行业发展做了较为深入的探讨。结合大量的历史资料和已有的研究成果,综合分析近代中国银行业的发展历史与基本概况,介绍四川银行业发展的历史背景与演变轨迹,以聚兴诚银行和四川美丰银行两家银行为例分析论证在近代中国区域银行发展史中,普通商业银行和中外合资银行的生存环境、历史遭遇、演变轨迹以及个性特征,较深入地探讨了中国内陆区域银行的发展水平和程度,评价四川银行业在整个中国区域银行业发展史上的历史地位、作用和影响。按照地方银行的层次划分,聚兴

---

① 杜恂诚编:《中国金融通史》(第三卷)(北洋政府时期),中国金融出版社2002年版,第202页。
② 洪葭管编:《中国金融通史》(第四卷)(国民政府时期),中国金融出版社2008年版,第480页。
③ 刘克祥、吴太昌编:《中国近代经济史(1927—1937年)》,人民出版社2010年版,第1930—1931页。

诚银行、四川美丰银行属于省地方银行的一种，并非县地方银行。①

(二) 近代中国县银行的专题研究

20世纪80年代以来，近代中国县银行的专题研究成果极少，目前没有发现专著，仅有数篇学术论文。研究的内容主要集中在以下几个方面：

1. 关于县银行发展变迁的研究

史继刚是这一时期较早研究近代中国县银行的学者。他认为县银行发展经历两个阶段，1940年之前是初创期，1940年之后是推展期。②孙建华将县银行发展变迁划分为：民国初期至抗战爆发前、抗战期间和解放战争后期三个时段。③李永伟的研究视角有所不同，他从宪政视角研究南京国民政府时期的县银行制度规则变迁。通过与省银行制度的比较，以及《县银行法》的制度实践研究，得出县银行制度演进受到地方自治思想影响，形成路径依赖。④

2. 关于县银行创设的研究

史继刚认为前期县银行创设的主要目的是"解决农村金融枯竭、弥补大银行业务经营不足、复兴农村经济、保障国家财税"。⑤后期在抗战大后方推广县市银行，有政治、经济、军事等多方面的原因。政治方面，需要县银行协助新县制建设；经济方面，通过建立县银行配合完成西南西北金融网的建设；军事方面，通过县银行协助战时财经政策筹集军费，发挥调剂地方金融的作用，以适应抗

---

① 时广东：《近代中国区域银行发展史研究（1897—1937）：以聚兴诚银行、四川美丰银行为例》，四川人民出版社2008年版。
② 史继刚：《民国前期县地方银行的创设》，《四川师范大学学报》（社会科学版）1999年第1期。
③ 孙建华：《民国时期县银行的变迁、缺陷及启示》，《经济研究导刊》2011年第7期。
④ 李永伟：《宪政视角下的南京国民政府县银行制度史论——以规则变迁为中心》，《中南大学学报》（社会科学版）2013年第4期。
⑤ 史继刚：《民国前期县地方银行的创设》，《四川师范大学学报》（社会科学版）1999年第1期。

战需要。① 刘志英的观点与史继刚类似，她将县银行放在抗战大后方金融网中进行研究，也认为设立县银行有政治、经济、军事三方面原因：配合新县制，构建战时大后方金融网，为抗战建国提供物质条件。②

3. 关于县银行资本和业务的研究

金东从资本额、筹集方式、内部结构三个方面，分析20世纪40年代县银行的资本情况，其研究结论是县银行资本自始至终存在数额偏少的问题。③ 县银行业务方面，金东分析了20世纪40年代县银行的存放款业务。分析认为县银行存款较少，以商业性放款为主，揭示县银行面临的多重困境。④

4. 关于县银行的作用

在肯定县银行积极作用的同时，也指出了其不足。史继刚认为抗战时期县市银行建设对复兴农村经济贡献不大，但对改变金融机构地域分布不平衡有一定积极意义。⑤ 刘志英认为大后方县银行影响广泛而复杂，积极作用是大后方县银行推动了地方经济发展，有利于地方现代金融发展，但发展动力不足、区域间发展不平衡。⑥ 孙建华认为民国时期的县银行曾经发挥辅助县域经济发展的作用，但总体作用较小且持续时间不长。⑦

三 文献评论

从上述文献的综述可以得出以下几点：

一是中国近代银行史的研究范围已经拓展到地方银行史层面，

---

① 史继刚：《论在抗战时期国民政府大力推广县（市）银行的原因》，《江西财经大学学报》2003年第3期。
② 刘志英：《抗战大后方金融网中的县银行建设》，《抗日战争研究》2012年第1期。
③ 金东：《我国20世纪四十年代县银行资本考论》，《西南金融》2010年第5期。
④ 金东：《20世纪40年代县银行存贷款业务论析》，《宁夏大学学报》（人文社会科学版）2010年第9期。
⑤ 史继刚：《论在抗战时期国民政府大力推广县（市）银行的原因》，《江西财经大学学报》2003年第3期。
⑥ 刘志英：《抗战大后方金融网中的县银行建设》，《抗日战争研究》2012年第1期。
⑦ 孙建华：《民国时期县银行的变迁、缺陷及启示》，《经济研究导刊》2011年第7期。

但仍有待更进一步研究。近代银行史研究在改革开放以来，无论是研究的深度还是广度都有了很大提升和扩展。银行史研究领域从以前的个案为主，发展到近代银行的发展规律、路径、变迁及其绩效、银行业的内外关系，并且更加注重银行家在银行发展改革中的作用，比如对陈光甫与上海商业储蓄银行的研究。但具体到地方银行史层面，已有的研究以省银行为主，大部分省银行已有相关研究。更往下一个层次的地方银行——县银行，却没有引起足够的重视，无论是史料收集整理，还是研究成果仍十分缺乏。

二是民国时期对中国近代县银行的研究，资料零散，层次不够。民国时期县银行有关资料信息主要零散分布在各类政府公报、期刊上，有关研究也是停留在县银行是否要创设，资本、业务等方面，几乎没有较为深层次或系统性的研究。产生这一现象的原因可能是：首先，县银行在当时作为新一类的金融机构，并不为大家所熟悉，故难以深入研究。其次，县银行与大型银行、省银行等银行相比差距极大，不是各界关注的热点。最后，县银行发展历程颇为波折，特别是以农工银行为代表的前期县银行，发展时断时续，一些区域甚至没有发展。

三是新中国成立以来的中国近代县银行研究成果数量少，系统性和完整性不足。原因可能有以下几个方面：主观上，对县银行等中小银行的重视程度不够。县银行属于地方性小型银行，所发挥的历史作用不及国家银行和大中型银行，故未进入学术界的主流视野。现在的研究成果中没有专著，专题论文数量屈指可数。客观上，县银行发掘整理的史料不足，没有形成研究的力量和声势。从了解的情况看，传诸于世的县银行完整资料不多，大部分史料零散保存在各省、市、县档案部门，其中又以市、县档案部门为主。由于基层档案部门的保存环境较差、基础设施薄弱，一些县银行的档案尚未开放，甚至损坏、遗失，对史料的挖掘、整理工作带来了很大的困难。

第三节 研究思路和方法

一 研究思路和研究框架

本书的研究对象是近代中国县银行。从县银行产生的背景和思想萌芽入手，以梳理近代中国县银行的起源和发展脉络为基础，以县银行的结构和绩效为主线研究，从中得出县银行对现实的启发。按照这一思路，文章内容包括三部分，共六章。

第一部分是导论，即第一章。该部分总启全文，阐述了文章的选题背景和研究目的，综述民国时期、改革开放以后两个时期县银行的资料和相关研究情况。阐述了本书的研究思路与研究方法、创新与不足、理论基础及相关概念界定等。

第二部分是正文，即第二章至第五章。主要内容有：

第二章近代中国县银行的起源与发展。在介绍县银行产生背景的基础上，阐述西方银行思想如何引入中国，并得以萌芽和发展，最终产生县银行思想。将县银行的发展历程划分为两个阶段，回顾县银行的起源、探索与兴衰历程。

第三章近代中国县银行治理结构及其变迁。主要围绕资本结构、组织结构和人员结构三个方面分析近代中国县银行的治理结构。以股权融资为重点分析县银行的资本结构。以内外部组织结构为重点，分析县银行的组织结构。分高层、中层和基层三个层次，分析县银行的人员结构。

第四章近代中国县银行业务结构及其变迁。主要围绕县银行的存款业务、放款业务和其他业务三个方面分析近代中国县银行的业务结构。主要内容如下：第一，存款业务结构。从存款来源、存款分类、存款利率及准备金率、存款规模四个方面分析。第二，放款业务结构。从放款用途、放款分类、放款利率、放款规模四个方面分析。第三，存放款业务以外的代理公库业务和汇兑业务等。

第五章近代中国县银行的绩效及其变迁。围绕县银行的微观、中观和宏观绩效三个方面进行分析。第一，从经营绩效、组织绩效、行员绩效三个方面，分析县银行的微观绩效。第二，从县银行与县域银行业的构成、县银行的行业竞争力，分析县银行的行业绩效情况。第三，从县银行对县域经济金融业的绩效和县银行对新县制建设、战时经济金融政策等落实情况及其效果，考察县银行的宏观经济绩效和宏观政治绩效。

第三部分是结论与启示，即第六章。主要内容有：归纳总结县银行的发展历程、结构和绩效的研究结论，对当前地方中小银行的发展建设提供的启示。

二 研究方法

本书研究的是近代中国县银行结构及绩效，属于中国金融史的范畴，同时是一个跨学科的课题，既涉及中国经济史、金融史，还涉及经济学、金融学等多个学科和领域。本书采用的研究方法有：一是历史分析方法。挖掘县银行史料，对近代中国县银行的史实进行系统分析，翔实而深入地研究其结构及绩效问题。二是定量与定性相结合分析法。利用从史料中整理出的相关数据，运用统计学等方法进行分析近代中国县银行的数量、资本结构等情况，基于定量分析结果对其绩效做出定性评价。三是归纳演绎法。通过对有代表性的县银行加以归纳总结，分析不同区域县银行的共性和分歧，归纳出近代中国县银行的发展脉络。由于近代中国县银行并未实现全区域覆盖，而且在不同时段发展状况不尽相同，需要通过对部分区域和时段县银行的研究和总结，推演其整体和结构的规律性，以便对中国县银行总体情况加以掌握，从而提出借鉴和启示。

第四节 创新与不足

本书的创新主要有以下三点：一是研究内容的创新。这是本书最主要的创新。迄今为止，对近代中国县银行的研究成果甚少，系统性研究尚未发现。本书明确将近代中国县银行结构及绩效作为主题，对其进行了系统梳理和研究，尝试把中国地方银行史的研究领域扩展到县银行，并在新的历史条件下，从更深入的视角单独加以研究。以期对中国地方银行史领域的研究做出积极贡献。二是研究视角的创新。现有为数不多的研究成果中，主要对县银行的某一时段或某一方面的研究，在目前可查的文献资料中尚未发现从银行结构和绩效角度，全面研究近代中国县银行的研究成果。三是研究资料的创新。本书研究过程中，通过北京、四川、贵州等档案馆、图书馆以及民国书籍、网络数据库等渠道，查阅收集了部分一手和二手资料，其中一些资料首次使用。

由于时间、资料的获取难度和水平等方面的制约，本书存在以下不足和难点：一是对史料的挖掘和运用可能不够充分。近代中国的金融史料虽然较为翔实，但是关于县银行的可供直接使用的史料较少，需要从大量的金融史、银行史料或档案方志等资料中搜集。而且由于县银行属于地方中小银行，不仅规模小，而且大部分县银行存续期不长，银行资料保存不当、不完整甚至遗失现象普遍，给收集、掌握和梳理个案史料带来极大困难。由于上述原因，存在对史料的占有和掌握不够充分，对已有史料的运用不够全面的情况。二是受限于近代中国县银行数据资料的可得性和完整性，并没有对近代所有的县银行进行全面系统的定量分析，只是对其中的个别或一些银行进行了重点分析和研究。

第五节 相关概念及问题说明

一 相关概念界定

（一）中国县银行的概念界定

界定县银行概念需要把握其主要特点：

◇ 中国县银行结构及绩效研究(1915—1949)

第一，县银行主要以县域为主要营业区域。1915年北洋政府颁布的《农工银行条例》规定"农工银行以一县境为一营业区域"。① 1940年国民政府颁布《县银行法》，其中第三条"县银行以各该县乡镇为营业区"。该法还规定"省辖市之市银行，或相当于县之行政区域之银行，准用本法之规定"。② 这是中国政府法律上首次冠以"县银行"之名的开始。也就是说，县银行与其他地方银行的最重要一点区别"县"，即以县为营业区域的银行。

第二，县银行是官商合资的银行。《农工银行条例》规定"农工银行营业区域内，地方公法人亦得为该行股东"。在《修正劝业农工银行条例大纲》中进一步明确指出"各县农工银行应由该地方官厅酌拨公款，认受其股份"。《县银行法》中亦有类似表述，该法第一条"县银行由县政府以县乡镇之公款……依本法设立之"。

结合上述特点，本书将"县银行"界定为：以县为营业区域的官商合办银行。具体而言，从1915年11月颁布《县农工银行条例》开始至《县银行法》颁布以前，县银行包括《农工银行条例》中所指的县农工银行，以及当时以县为营业区域的县农民银行等县域银行。1940年1月《县银行法》颁布以后，县银行包括适用于该法的县银行、行政院辖市和省辖市的市银行。为了避免重复，本书中所用"县银行"一词，一般特指近代中国县银行。

需要特别指出的是，有一些革命根据地银行的营业区域在县域范围内，但由于革命根据地银行的特殊性，为便于统一起见，故未将这些银行纳入本书的研究对象之列。

(二) 结构的界定

由于本书的研究对象是县银行，故所指的结构是县银行结构。银行结构可以分为银行外部的市场结构和银行的内部结构。银行的

---

① 中国人民银行江苏省分行、江苏省金融志编委会：《中华民国金融法规档案资料选编》，档案出版社1989年版，第214页。
② 中国人民银行江苏省分行、江苏省金融志编委会：《中华民国金融法规档案资料选编》，档案出版社1989年版，第638页。

市场结构主要包括集中度、行业壁垒等。对于县银行而言，其市场结构具有特殊性，比如近代中国县银行分布极不均衡，中西部地区数量远远多于东部，北部和东部地区数量少。根据当时法律规定，县银行基本上是一县一行，实施十分严格的市场准入。因此，县银行的集中度、行业壁垒等指标研究意义不大。而且随着各个产业向纵深发展，原有的产业重新整合或细分，产业赖以生存的微观基础——企业的作用愈加受到重视。银行的结构及绩效的研究不仅在银行业层面，也进一步延伸至某一细分行业或某一类银行机构，如城市商业银行、上市银行等。[1] 基于以上原因，本书将县银行的市场结构作为外部因素予以考虑，县银行内部结构作为银行结构的重点研究对象。在县银行的内部结构中，选取了治理结构和业务结构作为分析重点。理由在于：治理结构关系到银行内部管理能力、外部运营能力以及竞争能力，具体包括股权结构、组织结构和激励约束机制；业务结构直接影响银行的盈利能力和经营业绩。

（三）绩效的界定

绩效是成绩与效果的综合。县银行作为金融机构，其绩效不仅仅局限于银行内部，还有很强的外部性，具体可以分为微观、中观和宏观绩效三个层面。微观绩效层面，县银行是营利性金融机构，首先是银行的经营绩效，主要通过资产收益率等财务指标来衡量。[2] 还有管理绩效，可以从银行的组织、人员方面来考察。中观绩效层面，本书特指县银行对县域银行业的影响和作用。宏观绩效层面，是指县银行对县域金融制度、县域经济以及宏观经济金融政策的落实效果等。

---

[1] 祝继高等：《股权结构、信贷行为与银行绩效》，《金融研究》2012年第7期。赵尚梅等：《城市商业银行股权结构与绩效及作用机制研究》，《财贸经济》2012年第7期。谭兴民：《中国上市银行公司治理结构与治理绩效关系研究》，重庆大学博士论文，2012年。丁芳伟：《国有银行的战略目标：组织结构与绩效》，浙江工商大学博士论文，2013年。

[2] ［美］帕特里克·T. 哈克、斯塔夫罗斯·A. 泽尼奥斯编：《金融机构的绩效：效率、创新和监管》，徐诺金等译，中国金融出版社2005年版，第7页。

二 相关问题说明

（一）关于研究时段的说明

基于以上县银行概念，本书研究的起止时间为：从1915年北洋政府颁布《农工银行条例》，即近代中国县银行的产生时间开始，到1949年新中国成立，各地县银行陆续消亡为止。

（二）使用史料的说明

县银行属于近代中国的地方中小银行，由于大部分县银行规模较小、延续期相对较短，且资料以地方政府保存为主，相关史料散乱、损毁、丢失等情况较为普遍。而且1940年《县银行法》适用范围包括行政院管辖的市银行，如北平市银行、上海市银行等，以及省辖市的市银行。鉴于以上情况，为了更深入分析县银行，本书在使用资料的过程中，优先使用掌握的县银行的史料，但在县银行史料不足的情况，也会运用部分市银行的史料。

第二章

近代中国县银行起源与发展

鸦片战争以后，外资银行进入中国。随着外资银行的发展，西方银行思想在中国得以快速传播并开始被一些有识之士所接受。19世纪末，仿照西方银行制度设立的中资银行开始陆续出现。中华民国成立之后，银行等各类西式金融机构如雨后春笋般快速增加，县银行随之诞生。县银行的发展历程，可以划分为起源探索期和发展衰亡期两个阶段。

第一节 县银行的产生背景与思想萌芽

近代中国县银行诞生的时代，是近代中国大动荡、大转型、大变革的时期。中国从封建社会向半殖民地半封建社会转变，自然经济快速瓦解，商品经济缓慢发展。在国内外多种因素的综合作用下，银行业也发生了巨大变化，县银行思想也随之萌芽并最终诞生。

一 县银行的产生背景

（一）社会经济转型与地方经济崩溃

近代中国社会经济发生前所未有的巨大变化。数千年的封建社会走向末路，进入了半殖民地半封建社会。清末民初，政治、经济、军事环境复杂多变。军事上节节败退，清政府签订了一系列不平等条约。国门大开之后自然经济受到巨大冲击，并逐渐被快速发展的资本主义经济取而代之。资产阶级民主革命推翻了清政府的封建统治，建立中华民国。

民国初年，资本主义经济主要集中在大中城市，以农村经济为主的地方经济随着自然经济的瓦解持续恶化，面临崩溃的边缘。进入20世纪20年代以后，社会政治经济环境日益恶劣，农村有限的资金不断外流，金融资源面临枯竭。

1921年开始，由赈灾活动引起而成立的华洋义赈会，在河北采用农村合作贷款的方式，将资金引入农村。限于资金规模和范围，华洋义赈会的作用更多体现在示范效应上。随着不久，20世纪30年代世界经济危机波及国内工商业，银行业受此影响，以上海商业储蓄银行、金城银行、中国银行等为代表的商业银行，投资视野从大中型城市逐渐扩大到县乡农村。交通银行等十余家银行发起组织中华农业合作贷款银团，更多的银行资金开始流入农村，逐渐在全国掀起了一股"资金归农"的热潮。但是由于种种原因，未能达到预期效果。

南京国民政府成立后，地方经济并未获得明显改善。1935年，蒋介石在围剿红军时提到，社会经济濒临破产的关键问题在于政府对金融和银行业的控制力不强。[①] 政府开始意识到金融的重要性，开始加强对以银行和货币为主的金融业的控制，地方金融机构也在考虑之列。

（二）外资银行主导下的中国银行业

具体到金融业，"在1897年中国通商银行成立之前，中国金融是外国银行和钱庄'两强称雄'的格局，外国银行占有主导地位"。[②] 1845年英国丽如银行进入中国以后，英、法、德、日等外资银行陆续在中国设立分行或分支机构，逐渐在中国的钱庄、票号以及外国洋行等竞争中脱颖而出，在20世纪初已经成为主导中国银

---

① 伍野春、阮荣：《蒋介石与四联总处》，《民国档案》2001年第4期。
② 杜恂诚：《中国近代两种金融制度的比较》，《中国社会科学》2000年第2期。

第二章 近代中国县银行起源与发展

行业发展的一股核心力量。

19世纪中叶至19世纪70年代是外资银行在华发展的第一个阶段，这个时期进入中国设立银行的西方国家主要是英国，代表性的外资银行有丽如银行、汇丰银行等。外资银行最初进入中国主要为西方国家在华贸易提供金融服务，拓展远东的金融市场。这一阶段外资银行从事的主要业务是对外汇兑业务，经过一段时间的发展，逐渐从主营对外贸易、兼营金融汇兑的外国洋行手中取得了在华对外汇兑等金融业务控制权。1845年进入中国的丽如银行虽然在历史上实力不强，影响力不大，但它是近代中国在华设立分支机构的第一家外资银行，并且是第一家在中国发行纸币的外资银行。1865年成立的汇丰银行是历史最长、影响力最大的在华外资银行，也是首家将总部设在中国的外资银行，与其他外资银行主要经营对外金融业务不同的是，汇丰银行的业务重点放在中国本土，它的总部设在中国香港。经过二十余年的发展，外资银行初步站稳了脚跟，银行实力得到增强。

19世纪70年代至19世纪90年代是外资银行在华发展的第二个阶段。汪敬虞先生认为19世纪"70年代初期发生了两个巨大的变化，对外国银行在控制中国金融市场方面的作用和地位，产生了重要的作用。一是中西交通方式的变化，二是世界银价的变动"。[①]中西交通方式的变化就是1870年苏伊士运河通航以及1871年上海和伦敦之间铺设了海底电缆，这大大提高了商贸流通的效率，加强了中国与世界金融中心的联系，进一步提高了外资银行对中国金融业的影响力。受到19世纪70年代以后世界白银价格大幅下跌的影响，中国白银汇率价格随之下挫，为外资银行控制中国外汇市场提供了机会。在这期间，法、德等国家也开始进入中国银行业。主要有法兰西银行、德意志银行、东方汇理银行等。在华外资银行业务

[①] 汪敬虞：《外国在华金融活动中的银行与银行团（1895—1927）》，《历史研究》1995年第3期。

的变化还表现在，除了放款、汇兑业务以外，存款和发钞业务得到较大发展。随着外资银行的发展壮大，声誉很快提升，中国政府、社会团体和私人纷纷将资金存入外资银行，外资银行的实力大大增强。到19世纪末，汇丰银行资产总额增加了25倍，麦加利银行资产增加了154倍。

19世纪末至20世纪初是外资银行在华发展的第三个阶段。这一时期，由于政治军事力量增强，外国政府所支持的外资银行对华影响力从金融进一步扩大到财政领域。特别是甲午中日战争后，中国政府的巨额外债由外资银行直接管理，其中清政府外债抵押的关税款收入就是其中很大一部分，为外资银行获得了极大的利益。1900年中国政府对英、法、美、德、日等国赔款4.5亿两白银，之后上述各国组成外国银行委员会制定中国关税守则，"同意国际银行委员会由与1900年以前之外债和义和团赔款有关之各国银行经理组成，关税收入款交由汇丰、德华、道胜三银行保管"。即中国整个国家的关税收入实际由英国、德国、俄国三国银行掌握。1914年将负责中国关税的外国银行委员会进行了调整，"该国际银行委员会由下列各银行代表组成：正金银行、麦加利银行、汇丰银行、花旗银行、印度支那银行、德华银行、道胜银行、华比银行、荷兰贸易公会"。此时，外资银行主导中国的货币发行、外汇市场等业务。外资银行数量也持续增加，截至1915年，在华设立分支行的外资银行有22家，其中英国数量最多，达到11家（详见表2-1）。

表2-1　　　1915年以前在华外资银行设立情况统计

银行名称	总行所在地	总行成立年份	进入中国年份	停闭年份
丽如银行	伦敦	1845	1845	1884
丽如银行	伦敦	1884	1884	1892
汇隆银行	伦敦	1851	1851	1866
麦加利银行	伦敦	1853	1853	1954
呵加剌银行	伦敦	1833	1854	1864

续表

银行名称	总行所在地	总行成立年份	进入中国年份	停闭年份
呵加剌银行	伦敦	1864	1864	1866
呵加剌银行	伦敦	1867	1867	1900
有利银行	孟买	1853	1854	1857
有利银行	伦敦	1857	1857	1892
有利银行	伦敦	1892	1892	1984
法兰西银行	巴黎	1848	1860	1889
法兰西银行	巴黎	1889	1889	1894
利生银行	伦敦	1862	1864	1866
利华银行	伦敦	1863	1864	1866
利升银行	孟买	1864	1864	1866
汇丰银行	香港	1865	1865	—
德意志银行	柏林	1870	1872	1875
德丰银行	伦敦	1863	1875	1883
大东惠通公司	伦敦	1890	1890	1891
大东惠通银行	伦敦	1891	1891	1894
大东惠通银行	伦敦	1894	1894	1902
德华银行	上海	1890	1890	1945
中华汇理银行	香港	1891	1891	1911
横滨正金银行	横滨	1880	1893	1945
东方汇理银行	巴黎	1875	1894	1949
华俄道胜银行	彼得堡	1895	1896	1926
华比银行	布鲁塞尔	1902	1902	1949
花旗银行	纽约	1901	1902	1949
中法实业银行	巴黎	1913	1913	1921
朝鲜银行	汉城	1909	1913	1945

注：本表主要以银行进入中国年份为序，银行名称相同即表明存在先后关系，以开设先后为序，比如丽如银行、呵加剌银行、有利银行、法兰西银行，大东惠通公司改组为银行。

资料来源：汪敬虞：《十九世纪外国在华金融活动中的银行与洋行》，《历史研究》1994年第1期。沈雷春：《中国金融年鉴》，中国金融年鉴社1939年版，第D8—D10页。

二 县银行思想萌芽

（一）银行思想与中资银行实践

鸦片战争打开中国大门以后，西方各种思潮进入中国。一些有识之士开始了解西方各种新式事物，银行就是其中一种。较早介绍西方银行的著作有魏源的《海国图志》，他将"Bank"译为"银馆"，介绍了英国、美国、荷兰等国的银行制度、银行业务和作用等基本情况。魏源认为"银馆者，如中国之银店，收银代为生息，但彼则国王自设之，或寄存银或支借，或出票。……故银馆者，民之库，国之币，商贾之源。商民茕独，有月寄贿，则免其经营，贫商得以借贷，则资其运转"。①1859年，太平天国洪仁玕在《资政新编》中，提出成立银行发行纸币的设想。

晚清商人、维新派思想家郑观应较为完整地论证了银行的理论和实务有关问题。其代表性著作《盛世危言》中有专门分析银行的银行篇，他认为银行对于国家经济具有十分重要的作用，"以维持商务，长袖善舞，为百业之枢，以浚财源，以维大局"。分析了兴办银行利国利民的十大好处，还认为中国自己建立银行能够帮助抵御外资银行在华的金融侵略和掠夺活动。根据所掌握的银行知识，结合他自己的实践经验，郑观应提出了中国建立银行的具体措施和实施步骤。同属晚清维新派的思想家陈炽，在其著作《续富国策》中有《创开银行说》一篇专门论述开设银行的重要作用，他认为银行是发展生产、扩大流通、开展通商的必要条件，而且是保证财政开支、筹措经费的必要条件，"银行以兴商务"，实"通商惠工之真源，怀远招携之实效"。如果"中国既无银行，又不思急行创立，故欲筹饷则人易我难，下欲经商则人通我塞"。②

清末思想家梁启超认为银行是国民经济之命脉，在中国设立银行十分迫切，主要是因为老百姓生产生活所需费用缺乏，受到高利

---

① 魏源：《海国图志》，岳麓书社1998年版，第1992页。
② 姚遂：《中国金融思想史》，上海交通大学出版社2012年版，第354、363页。

第二章
近代中国县银行起源与发展

贷的侵蚀，百姓生活维艰，国家经济难以振兴。不仅如此，银行对国家财政也有重要作用。他在《中国改革财政私案》的银行政策一节中写道："银行为国民经济之总枢纽，所关者不徒在财政而已。然国民经济不发达，则财政亦无可言。所言财政必推本于银行也。"① 他进一步指出，"今日国家财政、国民经济均有岌岌不可终日之势，究其原因虽甚复杂，而币制之紊乱与银行制度之不良，实为其中二大原因"②。梁启超提出设立中央银行，"窃惟各国中央银行之设，平时则以统全国金融之枢机，有事则以助政府财政之运转，苟办理得人，则国力缘此而充实，国权藉此而伸张，法至良，意至美也"③。除中央银行之外，梁启超还提出设立国民银行、移民银行和农业银行的构想，形成较完备的银行思想体系。

19世纪70年代以后，一些商人和思想家也注意到西方银行在经济贸易领域的重要作用，一方面受到银行思想的影响和外资银行的启发，看到了西方银行制度的优势，对中国朝野上下产生了影响。另一方面，外资银行进入中国以后所取得的发展成就，特别是外资银行所带来的巨大收益，也诱发了在中国创办银行的想法并开始付诸行动。"1876年3月18日和4月3日《申报》先后报道著名买办、轮船招商总办、巨商唐廷枢和福建巡抚丁日昌拟由中国纠集股份，在中国华南设一银行，并在东洋各埠及英京伦敦亦设分行。它的职能是为走东西两洋的生意公司以济其后，在客地的华商有所需时设措资金，即为海外贸易和远洋航运融通资全。"④ 广东商人开办的荣康银号，计划在广州、香港开办银行。天津、上海等地区也曾出现过创办新式银行的建议和活动，这些尝试最终因资本金招募不足等原因未能成功。

筹建中资银行的失败并未阻止银行思想在中国的发展，反而促

---

① 梁启超：《饮冰室文集之八》，中华书局1989年重印本，第41页。
② 梁启超：《饮冰室文集之三十二》，中华书局1989年重印本，第8页。
③ 梁启超：《饮冰室文集之二十一》，中华书局1989年重印本，第1页。
④ 姚遂：《中国金融思想史》，上海交通大学出版社2012年版，第320页。

使人们从更加宽广的视野思考中国银行业的发展之路，有一些人在吸收外资银行经验的基础上，结合中国实际提出建立不同种类银行的思想主张。清末维新派官员李鸿章主张建立中外合资银行。他在推进洋务运动时发现，资金不足是影响兴办洋务实业的重要因素。中国自办银行信誉低，不利于银行的发展。希望通过借助外资银行的良好信誉和雄厚的资金实力，开办中外合资银行，融通资金以解决资金需求。还有一类是主张建立专业银行。即为实现某一目的或针对某一方向建立专门银行，包括储蓄银行、殖业银行、农业银行等，其中较多人支持建立储蓄银行。思想家严复认为设立储蓄银行既能够给老百姓带来利息，提高收入，为国家提供资金，又能通过储蓄来实现移风易俗，教化民众树立节俭的良好习惯，特别是后者是其他银行所不具备的优势。清末外交官钱恂也认为储蓄银行为百姓储蓄提供了便利，还指出储蓄应不限制最低金额，参照法国和瑞典银行的有关规定设定储蓄的最高限额和提款时间。

  19世纪末，被誉为"红顶商人"的盛宣怀也受到银行思想影响，在兴办轮船招商局、中国电报局、汉阳铁厂、萍乡煤矿等国内大型企业的过程中与外资银行有过许多交集，加深了对银行的认识，对中国开设银行形成自己的见解，先后撰写《开银行意见》等阐述对开设银行的看法和设想。他高度评价银行的重要地位和作用，认为于国于商有诸多益处。"泰西各国多设银行，所以流通上下远近之财，振兴商务为天下一大枢纽。故富国富民必自银行始。……若有银行，集本数百万两，援照西路各法分设，气局宽大，枢轴自灵。"在开设方式上，盛宣怀认为应该按照轮船招商局的模式，开办官商合办银行，其主要理由是"官办既有窒碍，悉资商本如平常之钱号银店听商自为之可乎？查华商之力一时或有不足，捉襟见肘，恐其贻笑外人。且创开第一银行藉以通行银元钞票及将来借用民债，利于官者尤巨，官自应竭力扶助，期其必成，……然则应开中国官商银行，袭招商局之遗意而变通之，乃为

第二章 近代中国县银行起源与发展

尽善尽美也"。①

创办银行的想法在得到李鸿章和翁同龢的支持之后，1896年10月31日，盛宣怀向光绪皇帝呈报《条陈自强大计折》，陈述外资银行在中国的垄断，说"西人聚举国之财为通商惠工之本，综其枢纽皆在银行，中国亟宜仿办，毋任洋人银行专我大利"。在该奏折所附的《请设银行片》中说"各国通商以来，华人不知务此，英、法、德、俄、日本之银行乃推行来华，攘我大利"。结合洋务运动中兴办铁路中所遇到的资金困难，进一步指出"现又举办铁路，造端宏大，非急设中国银行，无以通华商之气脉，杜洋商之挟持"。还提出了设立银行的方案。资本金的来源是"拟请简派大臣，遴选各省公正殷实之绅商，举为总董，号召华商，招集股本银五百万两，先在京都、上海设立中国银行，其余各省会口岸，以次添设分行"。银行的章程和钞票印制是"照汇丰银行规制，以精纸用机器印造银票，与规银相辅而行，按存银之数为印票之数，以便随时兑现"。② 其他还有由银行代理国债、国家资金的存储等方面的内容，最终得到批准。1897年5月27日，第一家中资银行——中国通商银行成立。在这之后成立的大型银行有1906年成立的户部银行，1908年改名为大清银行，1908年成立的交通银行等。

除了晚清思想家和维新派外，民主革命的伟大先驱孙中山先生也在关注中外银行的发展。他早年在国外学习西方经济学知识，结合对国内外银行业的实际，认为银行是支持实业发展的金融机构，"民生主义之进行在求实业之发达，实业之发达恃宏博活跃之金融机关，故欲谋产业必先谋实业银行"。并进一步提出在中小银行基础上建立大型银行，摆脱政府对外资银行的依赖和金融控制。"将国中数十银行联合而成一巨大银行，发行债券，任外资输入，则全国金融枢纽操之于己，即政府借款亦可担任，不致受非法之要

---

① 夏东元：《盛宣怀年谱长编》，上海交通大学出版社2004年版，第489—490页。
② 夏东元：《盛宣怀年谱长编》，上海交通大学出版社2004年版，第539、541页。

挟。"① 在辛亥革命胜利之后，孙中山终于有机会实践他的银行思想。南京临时政府曾仿照各国特许银行制度拟定了《海外汇业银行则例》，还提出设立储蓄银行、庶民银行、兴农银行、惠工银行、殖边银行等专业银行，建立中国近代银行体系的设想。1912 年 2 月，孙中山下令改组清政府中央银行——大清银行，在此基础上设立中国银行。中华民国临时政府成立，为中国银行业发展提供了契机，1915 年以前中资银行共设立 38 家（详见表 2-2）。

表 2-2　　　　　　1915 年以前中资银行设立情况统计

成立年份	银行名称	成立数量
1897	中国通商银行	1
1902	直隶省银行	1
1905	浚川源银行	1
1906	户部银行、信成银行	2
1907	四海通银行、浙江兴业银行	2
1908	大清银行、交通银行、四明商业储蓄银行、信义银行、裕商银行	5
1909	浙江银行	1
1910	广西银行、北洋保商银行	2
1911	福建银行、四川银行、殖业银行	3
1912	中国银行、广东银行、江苏银行、中华商业储蓄银行、富滇银行、泰丰银行、黄陂商业储蓄银行、松江银行、华商银行、山东银行、湖南银行、贵州银行、江西民国银行、江西劝业银行、江西储蓄银行	15
1913	中华商业有限公司、晋胜银行	2
1914	聚兴诚银行、新华信托储蓄银行、殖边银行	3
合计		38

资料来源：《历年开设银行年别统计细表》，中国银行总管理处经济研究室编：《全国银行年鉴（1935 年）》，中国银行总管理处 1935 年，第 F2—F3 页。姜宏业：《中国地方银行史》，湖南出版社 1991 年版，第 3、157 页。资料所载中国通商银行成立时间为光绪二十二年（1896 年），在本表中已修正为 1897 年。

---

① 孙中山：《孙中山全集》第 6 卷，中华书局 1985 年版，第 175 页。

(二) 地方银行思想的产生与县银行思想的萌芽

西方国家的入侵和资产阶级掌握新生国家政权，使得西方经济金融思想在这被动与主动的两股力量综合作用下，在中国影响力不断扩大并得以实践，地方银行思想在此背景下萌芽。县银行作为地方银行，县银行思想是地方银行思想的演进发展的结果。

按照层级规模划分，地方银行可以分为省银行、市银行和县银行，其中省银行属于大型地方银行，市县银行属于中小地方银行。早期地方银行思想主要关注省地方银行，钟天纬在1889年的《中国铁路如何取道为便论》中对比山西票号和外资银行的差异和优势，较早提出建立省地方银行的思想，"今中国钞票之法虽废，而西号（山西票号）之汇兑，商民之期票，反能彼此流通。近且沿海各口，反用美（英）汇丰等银行钞票以代现银，更觉相形见绌"。钟天纬提出以山西票号为基础建立商办的省银行，并界定经营范围，具体来说"似宜集西商票号数十家，听其每省公开一银行，准其造钞票，铸银币，一切章程听商人自议"。同样是开办省地方银行，实业家张謇与钟天纬开办商办省银行的想法有所不同，他主张成立官办的省银行。1901年，张謇在《变法平议》中谈道"中国各行省民间钱店，方其殷实，人何尝不宝贵其票券哉？各省布政司宜各设以官立之银行，凡赋税所入悉汇凑焉。大省以五十万为本，中省以四十万，小省以三十万。其用钞币之数，视本加三成，旋行廛市。各府州县设立分支官立银行，均设储藏"。[①]

中国早期的地方银行可以追溯到清末的地方官银钱号，在姜宏业主编的《中国地方银行史》中，将中国地方官银钱号作为地方银行的一种，开篇第一句就是"中国地方官银钱号是中国地方政府官方设立的信用机构"。[②] 清末时期的官银钱号主要经营的业务有：发行、兑换银钱纸票，经理地方财政，代理省库公债和经营银行存放

[①] 程霖：《中国近代银行制度建设思想研究》，上海财经大学出版社1999年版，第46—47页。

[②] 姜宏业：《中国地方银行史》，湖南出版社1991年版，第3页。

汇的信用业务等。严格意义上说，地方官银钱号并不是银行，但是由于一部分省地方银行是在地方官银钱号基础上成立的，即地方官银钱号是省地方银行的前身，因此也可以将地方官银钱号纳入广义地方银行的范畴。

19世纪末以前，各省设立官银钱号20家。20世纪初到清政府结束之前又增设19家，是官银钱号发展的全盛时期。辛亥革命之后，许多官银钱号停业，继续保留的仅剩9家。其中4家改组为省银行：1911年福建官银行（1905年成立）改组为福建银行；1912年，江西官银钱总号（1902年成立）改组为江西民国银行，湖南官钱局（1903年成立）改组为湖南银行，贵州官钱局（1908年成立）改组为贵州银行。另外，辛亥革命之前已经成立的省银行还有4家：1902年成立的直隶省银行[①]、1905年成立的浚川源银行、1909年成立的浙江银行、1910年成立的广西银行。[②] 1915年以前地方银行共设立20家，具体情况如表2-3所示：

表2-3　　　　　　　1915年以前地方银行设立情况统计

成立年份	银行名称
1902	直隶省银行
1905	浚川源银行
1907	浙江兴业银行
1909	浙江银行
1910	广西银行
1911	福建银行、四川银行

---

① 直隶省银行成立的时间仍有不同的看法，吴承禧在1934年所著的《中国的银行》，以及程霖在1999年所著《中国近代银行制度建设思想研究》中都认为直隶省银行1910年成立。但是，中国银行总管理处1935年编著的《全国银行年鉴（1935年）》中统计为1902年，洪葭管主编的《中国金融史》也认为直隶省银行成立于1902年，此处与本书表2-2保持一致，按1902年统计。

② 姜宏业：《中国地方银行史》，湖南出版社1991年版，第6页。

第二章 近代中国县银行起源与发展

续表

成立年份	银行名称
1912	广东银行、江苏银行、富滇银行、黄陂商业储蓄银行、松江银行、山东银行、湖南银行、贵州银行、江西民国银行、江西劝业银行、江西储蓄银行
1913	晋胜银行
1914	聚兴诚银行

资料来源：《历年开设银行年别统计细表》，中国银行总管理处经济研究室编：《全国银行年鉴（1935年）》，中国银行总管理处1935年，第F2—F3页。姜宏业：《中国地方银行史》，湖南出版社1991年版，第3、157页。

从表2-3和图2-1可以看出，地方银行的创建始于20世纪初，均为省地方银行。其中1912年前有7家，1912—1914年的三年间成立省银行13家，在中华民国成立的1912年，省银行的数量实现了爆发性的增长。主要原因在于一部分是政权变更导致原各省官钱局改组为省银行，还有一部分是在南京临时政府的鼓励下新增设的省银行。省银行所经营的具体业务主要有：发行货币，代理公库，代理军款，代发公债，经营存放汇、储蓄、信托等。进入北洋政府时期后，省银行被各地方军阀所控制。例如，广西军阀陆荣廷接管广西军政府后，1914年广西银行按照其要求一次发行不兑换的纸币700万元，1917—1921年共发行纸币1490万元，而广西银行资本仅为100万元。其他各省如奉系军阀张作霖控制的东三省银行、张宗昌控制的山东省银行、湖南军阀谭延闿等人控制的湖南银行等均是如此。①

这一时期省地方银行有以下几个特点：首先，地方银行与中资银行的发展基本保持一致，地方银行并不能脱离整个中国银行业的发展而发展。从图2-1也可以比较直观地看出这一点。其次，不管是官钱局改组的省银行，还是新设的省银行，基本都是官办银行性质，且受地方军阀所控制，其业务经营、发展兴亡与军阀势力变化

---

① 姜宏业：《中国地方银行史》，湖南出版社1991年版，第158页。

密切相关。最后,省银行主要为地方政府服务,对地方工商企业的扶持和经济发展作用不大。

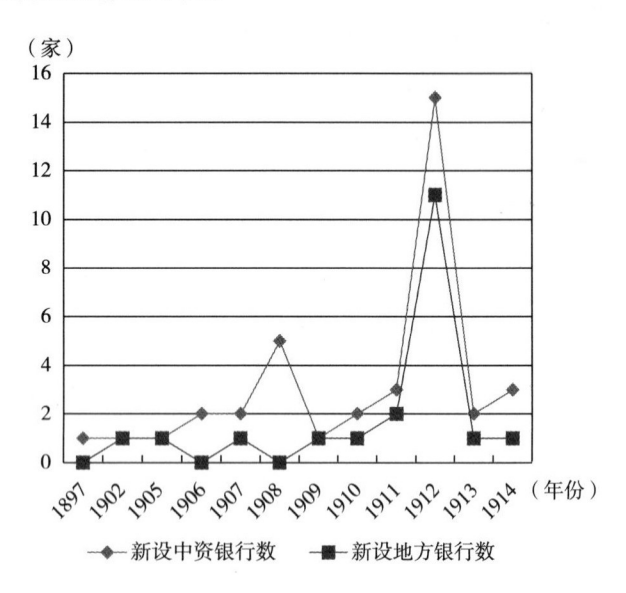

图 2-1 1915 年以前历年设立的中资银行与地方银行数量

资料来源:《历年开设银行年别统计细表》,中国银行总管理处经济研究室编:《全国银行年鉴（1935 年）》,中国银行总管理处 1935 年,第 F2—F3 页。姜宏业:《中国地方银行史》,湖南出版社 1991 年版,第 3、157 页。

第二节 县银行的起源与探索
（1915—1940 年）

1915 年北洋政府颁布《农工银行条例》,标志着县银行的诞生,地方银行从省地方银行扩展到县地方银行。国民政府财政部主管县银行的沈长泰认为,县农工银行"实具有今日县银行之意义"。[①] 此后二十多年,县银行在业务经营等各个方面做出了不少尝试和探

---

① 沈长泰:《中国县银行史略》,王沿津:《中国县银行年鉴》,文海出版社 1948 年版,第 13 页。

索，但由于多种因素的影响，始终未能得到长足发展。

一 《农工银行条例》与县银行的产生

中国近代深受西方影响，法律也不例外。西方先进国家的法律体系，直接被移植到中国。[①] 自鸦片战争以后，英国是对华影响最深的西方国家。在银行业中，19世纪中后期，英资银行在华的数量和实力都是最强大的。自1897年中国通商银行诞生以后，特别是1906年户部银行作为中央银行成立，清政府开始考虑创建中国的银行法律体系，由于对英资银行的熟悉程度远远大于其他国家，模仿英国银行制度成为首选。1908年，户部银行改名为大清银行，同年清政府颁布《大清银行则例》，在银行治理结构、组织结构等诸多方面，都基本照搬英格兰银行的有关规定。甲午中日战争之后，通过明治维新迅速崛起的日本吸引了中国人更多的关注。在专业银行设置和法律制定方面，中国主要借鉴学习日本。1908年清政府颁布的《储蓄银行则例》和《殖业银行则例》两部专门银行法律，主要效仿日本1890年的《贮蓄银行条例》和1899年的《北海道拓殖银行法》。北洋政府成立后，对日本银行法律的借鉴仍在继续。1914年，又仿照日本《劝业银行法》制定《劝业银行条例》。劝业银行总部设在北京，放款用途包括农林、垦牧、水利、矿产、工厂等，主要以大规模事业为主。在当时日本的银行结构中，劝业银行是单独设置的中央金融机构，在地方开展农工金融业务的金融机构是各地的农工银行。

在此背景下，北洋政府参照国外新式银行制度，特别是日本的银行制度[②]，拟定《农工银行条例》并于1915年10月8日获得财政部通过。10月22日，北洋政府财政总长周学熙将《农工银行条例》呈报大总统袁世凯时阐述了设立农工银行的主要理由，"吾国

---

① 何勤华：《法的国际化与本土化：以中国近代移植外国法实践为中心的思考》，《中国法学》2011年第4期。

② 明治二十九年（1896年）日本颁布《农工银行法》，与《农工银行条例》内容相似。

地质之厚，物产之富，甲于天下，只以农工事业拘守旧法，未尽地利，殊为可惜。为今之计，亟应普设农工银行，既得融通资本之机关，自有开拓利源之方法"。① 1915 年 11 月 21 日，袁世凯签署大总统令，批准《农工银行条例》颁布施行，确立"农工银行为农工业之地方金融机关，以谋地方农工业之改良、发达为目的"。②

《农工银行条例》规定农工银行的组织形式为股份有限公司，以通融资财，振兴农工业为宗旨。《农工银行条例》对农工银行的营业区域做出了明确规定，"农工银行以一县境为营业区域。在一营业区域内，以设立一行为限"。对银行股东的要求是，"农工银行之股东以籍隶该县，或在该行营业区域内产业、住所者，尽先招集。农工银行营业区域内，地方公法人亦得为该行股东"。③ 综合上述规定，可以看出农工银行具有专业银行的特点，是官商合办的县域地方商业银行。《农工银行条例》明确农工银行以一县境为营业区域，不得跨地域经营，这在近代中国银行业中尚属首次。因此，农工银行符合本书对县银行的概念界定，它是中国最早的县银行，1915 年《农工银行条例》的颁布，标志着近代中国县银行产生。

根据《农工银行条例》的规定，农工银行的资本额要求在十万元以上。可以办理的业务包括：经营放款，放款范围有垦荒耕作、水利、林业，购买籽种、肥料及各项工业原料，农业生产之运输、囤积，购办或修理农工业用器械及牲畜，修造农工业用房屋，修造牧场，购办渔业、蚕业、种子及各种器具，其他农工各种兴作改良等。为降低放款风险，还根据放款的期限，对抵押物做出了明确规定：五年以内分期摊还，或三年以内定期归还的，以不动产为抵押；一年以内定期或分期归还的，以不易变坏农产做抵押，或以渔

---

① 中国人民银行江苏省分行、江苏省金融志编委会：《中华民国金融法规档案资料选编》，档案出版社 1989 年版，第 213 页。
② 羲农：《我国农工银行之沿革组织及其现状》，《银行周报》1919 年第 20—21 期。
③ 《农工银行条例》，中国人民银行江苏省分行、江苏省金融志编委会：《中华民国金融法规档案资料选编》，档案出版社 1989 年版，第 214 页。

业权及公债票做抵押，或以政府债票、各省公债票、公司债票、股票做抵押。无抵押放款，需有资本殷实之典当，有两家互保，或十人以上之农业或工业以连带责任借款，按三年以内定期归还。农工银行还可经营定期存款，受中央金库委托办理租税、钱粮及其他各种款项的收发，受国家银行委托办理纸币兑换，保管金银等重要物品，经财政部核准后发行债票，购买政府公债票、各省公债票。[①] 1918年9月，财政部、农商部联合组织《修正劝业农工银行条例大纲》，进一步明确劝业银行和农工银行的分工定位，"中国地面辽阔，统辖不一，故宜仍仿日制，以劝业设于中央，专以放款于大规模事业为主，以农工设于各地方，专以放款于小规模事业为主"。还对地方政府提出认购农工银行股份的要求，"各县农工银行应由各地方官厅酌拨公款，认受其股份，既可以促银行之成立，且足以期尽其完全之监督责任"。[②]

为了加强各地农工银行的筹设、管理和监督工作，1915年财政部在《农工银行条例》颁布之前，已经先行设立全国农工银行筹备处，为财政部的直属机构。按照《全国农工银行筹备处暂行章程》，规定筹备处的职责是"本处筹设之农工银行，有直接管辖之权，对于各处官办或官商合办之农工银行，有监督之权"，指派王大贞、陈昌谷为筹备处主任，孙多森、秦士伟、李友连、卓定谋等人以及各省财政厅长为筹备处议员，筹备处会同各省财政厅商讨所在省农工银行筹设事项。1921年2月，财政部将全国农工银行筹备处改为全国农工银行事务局，负责农工银行的筹设、管理等事宜，任命王世澄为局长，原筹备处主任王大贞为副局长。1923年12月，考虑到农工银行筹设进展缓慢以及节约经费等因素，财政部决定撤销全国农工银行事务局，有关工作职责划归泉币司。

---

① 《农工银行条例》，中国人民银行江苏省分行、江苏省金融志编委会：《中华民国金融法规档案资料选编》，档案出版社1989年版，第214—217页。
② 《修正劝业农工银行条例大纲》，中国第二历史档案馆：《中华民国史档案资料汇编》第三辑金融（一），江苏古籍出版社1991年版，第219—220页。

二 县银行的前期探索（1915—1940年）

全国农工银行筹备处成立后，提出农工银行的筹建方案。即先由筹备处选择京畿地区的农工银行，直接指导筹建，"农工银行可由国家就省会筹设一处为模范。此种农工银行为救济民生万不可缓之图，应即先从京兆试办，以为各省的模范"，然后复制试办农工银行的成功经验，"各省已成之银行无不取以为法"，再向其他基础条件较好的省份推广，"如浙江、吉林、江苏等秩序较稳之省，已有分别筹备或成立者，苟非屡经政变，影响秩序，社会纷纭，国计支绌，其预定之成绩，即不能如当年日本之筹备四年之内告竣，全国亦可于十年之内渐臻普及"。① 可见，全国农工银行筹备处对于农工银行的筹备工作是比较乐观的。结合政治、军事等因素对经济金融的影响，根据县银行自身的发展变化情况，可以将县银行的前期探索划分为三个阶段，第一个阶段是1915—1927年，第二个阶段是1927—1937年，第三个阶段是1937—1940年。

第一个阶段是县银行成立到南京国民政府成立之前，即1915—1927年。这一时期是北洋政府时期，军阀混战，国家政局不稳，政府控制力不强。具体到金融业，杜恂诚认为"1927年以前，中国的金融制度属于自由市场型"。② 也就是说银行业和金融业以自由发展为主。外资银行实力仍然十分强大，钱庄等传统金融机构由盛转衰，中资大型银行正在兴起，中小银行仍在萌芽。县银行显然属于正在萌芽的中小银行。

按照筹备处的筹建思路，全国农工银行筹备处在直接管辖的农工银行中选择三家银行进行试办，包括1915年11月在直隶成立的通县和昌平两家农工银行，1918年在北京成立的大宛农工银行。但是，经过几年的实践，农工银行在全国的筹设情况并不理想，具体

---

① 《全国农工银行筹备处关于拟订筹备处暂行章程等件详稿》，中国人民银行江苏省分行、江苏省金融志编委会：《中华民国金融法规档案资料选编》，档案出版社1989年版，第220页。

② 杜恂诚：《中国近代两种金融制度的比较》，《中国社会科学》2000年第2期。

第二章
近代中国县银行起源与发展

表现在农工银行筹设数量过少,发展进度缓慢。1921年,财政部向总统府报告农工银行的有关情况,承认虽然"悉心规划,多方劝导,各处闻风兴起者固属不少,而完全成立者究尚寥寥。考其原因,实由各县所辖境域大小不等,人民财力亦贫富悬殊,在大而且富之县尚可集资举办,其贫而且小实非一、二县之民力所可胜任。且现行农工银行条例限制过严,获利较薄,苟非确以公益为前提,热心社会事业者,往往舍而之他"。实际情况是,1927年之前,除了以上通县、昌平和大宛三家农工银行,仅增加江丰农工银行(1922年成立)、嵊县农工银行(1924年成立)两家。在长达十二年间,全国农工银行仅成立5家,这与十年之内全国普及的目标可谓差之千里。面对此种情况,财政部只能改弦易辙,寻求变通之法,开始尝试对农工银行的经营模式做出调整。财政部选择在已开办的农工银行中资本实力等各方面最强的模范银行——大宛农工银行,决定对其进行改组,改组方案是以大宛农工银行为基础,扩充资本,作为总行设于北京,在其他重要城市如天津、上海、汉口等港口设立分行。1921年9月18日,按照财政部的指导意见,大宛农工银行召开临时股东会,一致通过决议修改银行章程,将银行资本金扩充至500万元,银行名称改为"中国农工银行"。然而,由于资本金迟迟未能募集到位,直到1926年6月才勉强凑足商股部分的资本金100万元,终于满足开业所需的商股达到四分之一的基本要求。又经过一系列烦琐程序,1927年2月21日,大宛农工银行正式改组为"中国农工银行"。[①] 改组后的中国农工银行开始扩大营业区域,增加分支机构,实际上突破了《农工银行条例》对农工银行营业区域和分支机构数量的限制。因此,由大宛农工银行改组而成的"中国农工银行"不再是县银行,而是成为了一家全国性银行。因此,大宛农工银行的成功改组,其实是县银行发展过程中遭

---

① 中国第二历史档案馆:《中华民国史档案资料汇编》第三辑金融(一),江苏古籍出版社1991年版,第424—427页。

遇的一次重要挫折。

　　除了北京、直隶的筹建外，有的省份也尝试组织筹建农工银行。比如山西省鼓励农工银行的发展，草拟农工银行组织条例，以作为推广农工银行之用，其中提出"每县得设一农工银行，资本总额随各县人口出产而异。一等县农工银行之资本额定为三万元，二等县农工银行之资本额定为二万元，三等县农工银行之资本额定为一万元。资本额三分之二须在本地募集，余款由省库补助，资本总数分为五百股，每股票面额至多五十元。银行之主要职责，即贷款与农工人，接收存款，保管金银锭信用证券等。并得充官吏及有信用之银行或公司之代理处，私人放款总数不得逾五百元，贷款与公司总数不得逾一千元。利率定为月息一分，即年息一分二厘。如农工发达需款甚殷，银行得发行债票，但必须先得财政厅之允许。债票总数不得逾放款总额或缴入资本之二倍"。[①] 山西省筹建农工银行仅仅停留在文字层面，受各种因素的影响最终并未实施。

　　这一时期农工银行以外其他的县银行的情况又是怎样？与农工银行不同的是，其他县银行并没有统一的名称和发展模式，往往是由各地方政府与工商业人士自发设立。1927年以前，除了上述三家外，全国仅在江浙较发达地区成立了三家：1921年成立的江苏太仓银行、1922年成立的江苏吴县田业银行、1924年成立浙江瓯海实业银行。

　　进入20世纪20年代以后，社会环境日益恶劣，农村经济持续恶化，有限的资金不断外流，金融资源面临枯竭。1921年开始，由赈灾活动引起而成立的华洋义赈会在河北采用农村合作贷款的方式，将资金引入农村，推动了农村合作金融的发展。限于资金规模和范围，华洋义赈会的作用更多体现在示范效应上。作为立足县乡的新式金融机构，经历十余年的时间，全国县银行数量屈指可数，以农工银行为代表的县银行，由于自身的弱小、经济条件不足以及

---

① 《银行月刊》1925年第6卷第2期。

第二章
近代中国县银行起源与发展

缺乏强有力政府的支持，对地方经济发展并没有起到实质性作用。

第二个阶段是南京国民政府成立之后到抗日战争全面爆发之前，即1927—1937年。南京国民政府统治的这段时间，通常被称为"黄金十年"。与北洋政府时期比较，这十年国内政治军事局面相对稳定，为经济金融的发展创造了较好的外部环境。南京国民政府成立后，在金融业自由发展的同时，政府逐渐加强干预和控制，金融业从自由市场向政府垄断过渡。1933年，国民政府成立农村复兴委员会，设立农民银行、农本局等金融机构。但是，由于农村金融基础的薄弱，商业银行利润微薄、农贷资金投入不足和金融机制不健全等因素的综合作用下，这些措施未能改善农村资金匮乏的困境。

在这种情况下，由于"资金归农"热潮带动和地方政府的支持，以县乡为经营区域的县银行数量有所增加，包括农工银行、实业银行、地方银行、商业银行、农民银行等。1927—1937年，全国新成立县银行31家，其中以浙江、江苏最多，两省合计18家。尽管县银行数量有所增加，但是数量、规模对于极度困难的农村和县域经济而言，并没有发挥出应有的作用。

第三个阶段是抗日战争全面爆发之后到《县银行法》颁布之前，即1937—1940年。抗日战争导致南京国民政府对金融业控制进一步强化。抗日战争全面爆发后，国民政府军费开支居高不下，财政支出迅速增加，而税收收入受战争影响却出现下降，政府收不抵支，财政赤字不断扩大。"1937年度，财政赤字便增加到1532百万元，占财政实支总额的73.3%；1938年度（只包括1938年7月至12月的数字，1939年起财政年度改成与历年制相同）财政赤字为872百万元，占财政实支总额的74.6%；1939年度赤字达2082百万元，占财政实支总额的74.4%"。[①] 财政状况的变化，也要求金融制度做出相应调整，战时金融政策开始实施。1937年8月，国民政府财政部发布《非常时期安定金融办法》，以图稳定法币，安定金

---

① 杨荫溥：《民国财政史》，中国财政经济出版社1985年版，第102页。

融。1938年3月，国民政府发布的《抗战建国纲领》规定"统制银行业务，从而调整工商业之活动"。1939年9月，国民政府公布《战时健全中央金融机构办法纲要》，改组成立中央银行、中国银行、交通银行、中国农民银行四行联合办事总处，负责推行战时金融经济政策，监督、指导四行及中央信托局、邮政储金汇业局业务。初步形成了以四联总处为领导，以四行两局为核心，以各省市地方银行和商业银行为主体的政府垄断金融网络。由于这种金融垄断体系是自上而下推进的，而且其中的重点是中央银行和大中型银行，县银行并未作为重点纳入这个体系。在政府无暇顾及之时，民间资本也由于战争的原因不愿意出资，县银行增设的脚步只能暂时停止。

从表2-4、表2-5可以看出，以县农工银行为代表的各类县银行在1915年《农工银行条例》产生之后已经筹设，但之后发展一度停滞，直至20世纪20年代才有所发展，但为数不多。截至1940年《县银行法》颁布之前，总计37家，年均成立不到两家。从分布区域看，主要分布在江浙等中东部较发达地区，成立较多的是浙江14家，江苏10家，其他省份均不超过3家。共覆盖9个省份，不到当时全国28省份的三分之一，若对全国1953个县而言，其数量更加微乎其微。从表2-6看县银行的实收资本情况，37家县银行平均资本为15.03万元，其中10万元及以下的有22家，占60%，11万元至20万元的有11家，占30%。实收资本额最高的是广东省中山民众实业银行62.00万元，实收资本额最低的是四川省垫江农村银行3.00万元，两者相差20余倍。再看1931年国民政府公布的《银行法》，其中第五条规定"股份有限公司、两合公司、股份两合公司组织之银行，其资本至少须达五十万元。无限公司组织之银行，其资本至少须达二十万元"。① 可见，县银行之资力难以支撑其业务发展。

---

① 中国人民银行江苏省分行、江苏省金融志编委会：《中华民国金融法规档案资料选编》，档案出版社1989年版，第573页。

第二章 近代中国县银行起源与发展

表 2-4　　　　　**1915—1940 年新设县银行统计**

成立年份	银行名称
1915	通县农工银行、昌平农工银行
1918	大宛农工银行
1921	太仓银行
1922	江丰农工银行、吴县田业银行
1924	嵊县农工银行、瓯海实业银行
1929	莆仙农工银行、莆田实业银行、龙游地方银行、汾阳农工银行、瞿县地方农民银行
1930	徐州国民银行、常熟大有银行、大同商业银行
1931	常熟商业银行、嘉定商业银行、嵊新商业银行、海宁县农民银行
1932	松江典业银行、余姚县农民银行、嘉兴县地方农民银行、嵊新地方储蓄银行
1933	江津县农工银行、崇德县农民银行、嘉善地方银行
1934	绍兴县农民银行、祁县农工银行、武进商业银行、仙游农民银行、平阳县地方银行
1935	津市农工银行、绍兴商业银行、金堂农民银行、垫江农村银行
1936	中山民众实业银行

资料来源：根据童蒙正《我国县银行之过去与将来》所载资料统计，载于《各国银行制度》，交通银行总管理处编印，1943 年版，第 494—497 页。

表 2-5　　　　**1915—1940 年各省县银行增设情况统计**　　　单位：家

年份 省份	1915	1918	1921	1922	1924	1929	1930	1931	1932	1933	1934	1935	1936	合计
浙江					2	2		2	3	2	2	1		14
江苏			1	2		3	2	1		1				10
福建						2					1			3
四川										1		2		3
河北	2													2
山西						1					1			2
广东													1	1
湖南											1			1

◇ 中国县银行结构及绩效研究（1915—1949）

续表

年份 省份	1915	1918	1921	1922	1924	1929	1930	1931	1932	1933	1934	1935	1936	合计
北平		1												1
合计	2	1	1	2	2	5	3	4	4	3	5	4	1	37

注：统计时间为1915年1月至1939年12月，设立时间与注册时间不一致时，以设立时间为准。表中未列入的其他年份即表示没有新设立的县银行。

资料来源：根据童蒙正《我国县银行之过去与将来》所载资料统计，载于《各国银行制度》，交通银行总管理处编印，1943年版，第494—497页。

表2-6　　　　　1915—1940年县银行资本统计表　　　　单位：万元

省份	县银行数（家）	资本总额	平均资本额
浙江	14	109.77	7.84
江苏	10	195.50	19.55
福建	3	27.50	9.17
四川	3	19.00	6.33
河北	2	10.00	5.00
山西	2	115.00	57.50
广东	1	62.00	62.00
湖南	1	5.00	5.00
北平	1	12.50	12.50
合计	37	556.27	15.03

资料来源：根据童蒙正《我国县银行之过去与将来》所载资料计算，载于《各国银行制度》，交通银行总管理处编印，1943年版，第494—497页。

以其中典型的县农工银行为例，根据1934年全国银行年鉴统计，全国共有各类银行146家，实缴资本总额26500万元，其中农工银行有13家，实收资本总计1440余万元，约占5.43%。[①] 到全

[①] 吴承禧：《中国的农业银行》，千家驹编：《中国农村经济论文集》，中华书局1936年版，第182页。

— 46 —

面抗战爆发前的1937年，全国尚在营业的农工银行有28家，其中浙江13家，四川5家，江苏3家，湖南、广东等省各1家，其中实收资本10万元以下的有19家，最低的仅为3万元。① 除农工银行之外的其他县银行也在部分区域存在，比如浙江海宁县农民银行、江苏太仓银行、福建莆田实业银行等，这些银行比农工银行实力更弱。综上所述，从1915—1940年《县银行法》颁布之前的二十余年时间里，县银行发展慢、数量少、规模小、分布窄，作用极为有限。

第三节　县银行的发展与衰亡（1940—1949年）

1940年1月，国民政府颁布《县银行法》，以"调剂地方金融，扶助经济建设，发展合作事业"为宗旨的县银行由此而产生。在1940—1949年短短的十年时间里，县银行遍布全国大部分区域。这一时期的县银行是国民政府在战时条件下进行金融建设的产物，有助于新县制的实施和地方经济发展，并一定程度上推进了县域金融机构的现代化进程。

一　《县银行法》与县银行

国民政府从南京迁都至重庆后，在战时金融体制指导下，加大了大后方金融网络建设的力度。1939年10月5日，国民政府通过《关于加速完成西南西北金融网的决议》，要求四行"凡与军事、政治、交通及货物集散有关各地四行，至少商定由一行前往分设机关，活动当地金融"。② 12月，四联总处签注了"关于四行函复筹

---

① 郭荣生：《县银行之前瞻及其现状》，《中国省银行史略》，文海出版社1975年版，第306—308页。
② 中国第二历史档案馆编：《中华民国档案史料汇编》第五辑第二编财政经济（一），江苏古籍出版社1997年版，第395页。

设金融网所遭遇的困难及今后改进办法各节之审查意见"。1940年3月，四联总处根据决议要求，制订《完成西南西北金融网方案》，计划在1941年年底前，在西南、西北增设216家金融机构。① 在行政体制方面，1939年1月26日，国民政府通过《改进县以下党政机构之实施案》，决定对四川、陕西、贵州、湖南、江西等省开展推行新县制的试点工作。9月19日，国民政府公布《县各级组织纲要》推行新县制。新县制的一项重要内容是建立中央和地方两级财政系统，划分省县地方财政，与之对应需要设立县公库、县银行。"新县制实施后，县乡银行亦为必备之金融细胞组织，以协助金融建设工作之推进，而树立国民经济之基础。故在此建国过程中，督促省地方银行及县乡银行发展地方经济，实属必要之图，且国家银行所不能及之地方，省地方及县乡银行均可设置，脉络贯通，推进中央金融政策，亦可收指臂之效。"② 在此契机下，县银行应运而生，成为全国金融网络中的基础一环。

1940年1月20日，国民政府颁布《县银行法》，是县银行命运转折的重要标志。《县银行法》共26条，明确了县银行的宗旨、资金来源、组织形式、营业范围、放款范围等。其中规定：县银行以调剂地方金融，扶助经济建设，发展合作事业为宗旨。县银行由县政府以县乡镇公款与人民合资设立，资本总额至少须达五万元，商股不得少于二分之一。县银行为股份有限公司组织，以各该县乡镇为营业区，于营业区内设分支行或办事处。省辖市的市银行，或相当于县行政区域的银行，同样适用该法规定。③《县银行法》的出台，改变了县银行无法可依、一盘散沙的局面，是完善县银行制度的重要举措，县银行发展由此进入了新阶段。

---

① 黄立人：《四联总处的产生、发展和衰亡》，《中国经济史研究》1991年第2期。
② 中国第二历史档案馆编：《中华民国档案史料汇编》第五辑第二编财政经济（四），江苏古籍出版社1997年版，第516页。
③ 中国人民银行江苏省分行、江苏省金融志编委会：《中华民国金融法规档案资料选编》，档案出版社1989年版，第638页。

第二章
近代中国县银行起源与发展

1940年12月6日，根据《县银行法》总体框架，财政部公布了《县银行章程准则》，包括总则、资本、业务、组织、股东会、决算及盈余分配、附则共7章46条。章程准则成为各地筹建县银行的指南，使得各地筹建工作有章可循。在完善细节的同时，组建专门机构，加强县银行监管。财政部提议筹设全国县乡银行总行，负责全国县银行的各项业务监督管理工作。1941年2月5日财政部公布《县乡银行总行章程》，并督促各省做出相应安排，要求各县成立县银行筹备会，组织推动县银行筹建工作，县银行由此开始了筹设工作。

二 县银行的发展历程

《县银行法》颁布之后，县银行获得较快发展，但阶段分明。

1940—1941年，是县银行的筹备初创期。在此期间，县银行筹设进程较慢。《县银行法》公布当年，全国仅有四川一个省份成立县银行，且只有两家。第二年也仅增加了广东省，其余省份仍为空白，大部分仍处筹备阶段。"自县银行法公布迄今两年以来，各省对县银行之筹设，以四川、陕西、河南等省为最努力，广东次之，湖北虽订有计划，而未见付诸推行，安徽省订有卅十一年度完成全省县银行计划，推行结果尚不可知。"[1] 究其原因，主要有两个：一是中东部等经济较发达地区处于战乱之中，西部地区经济基础相对较差。这一时期，抗日战争向纵深发展，中东部地区战火蔓延，无法落实筹建县银行的任务。国民政府西迁重庆之后，希望通过筹建县银行、发展西部经济等政策，构建西南、西北金融网，为前方战事提供有力的经济支持。但除四川等个别省份之外，西部大部分地区经济不甚发达，需要时间筹备。此外，由于当时已有县合作金库等金融机构，各地区筹建县银行的主观愿望显得不够强烈。二是县域经济堪忧，资本筹集困难。《县银行法》要求县银行资本总额至

---

[1] 郭荣生：《县银行之前瞻及其现状》，《中央银行经济汇报》第6卷第7期，1942年10月1日，第41—43页。

少在5万元以上，官商股本比例结构中的商股占总股本的二分之一以上。考虑到存在可能的特殊情况，一家县银行最大营业区域甚至可以扩展到两个县以上。相较普通银行最低资本额在20万元以上的资本要求而言，《县银行法》对县银行的资本要求已经放宽不少，营业区域也允许适当扩大。但即便如此，由于整体县域经济薄弱，"无论是公股还是商股，要筹到足够的数额都存在一定的困难"。①这些主客观因素在很大程度上导致了县银行初期的发展缓慢。

1942—1947年，是县银行的快速发展期。经过筹备期之后，各地资本金募集逐步到位，一些地区具备了设立的资金基础。为发展大后方经济金融力量，夯实抗战物质基础，国民政府督促县银行推进落实中央金融政策。为实现这一目的，政府着手调整县银行管理机构，理顺管理机制。1942年，财政部撤销全国县乡银行总行，鉴于"县乡银行为调剂内地金融，发展地方经济之主要金融机构……自为金融中枢之职责，爰于中央银行设置县乡银行业务督导处，以专则成，而利控制"。②1945年4月18日通过《财政部授权各省财政厅监理县银行业务办法》，将县银行监管权限由财政部下放至各省财政厅，提高县银行监管的有效性。财政厅监理范围包括："审核各县银行业务计划及决算。审核各县银行放款业务。审核各县银行日计表及存款、放款、汇兑等报表。督促各县银行提缴存款保证金。检查各县银行账目，并会同主管官署检查向县银行借款厂商之账目。纠举县银行违法事件。"③抗日战争结束后，为恢复战后经济，在1947年《经济改革方案》中，国民政府明确要求"县银行视其业务上之类别及需要，分别由中国农民银行、交通银行或中国银行予以协助"。④通过国民政府一系列举措，一方面加强了政府对

---

① 金东：《我国20世纪四十年代县银行资本考论》，《西南金融》2010年第5期。
② 中国第二历史档案馆编：《中华民国档案史料汇编》第五辑第二编财政经济（四），第518页。
③ 中国第二历史档案馆编：《中华民国档案史料汇编》第五辑第二编财政经济（四），第702—703页。
④ 中央银行经济研究处：《金融法规大全》，商务印书馆1947年版，第348页。

县银行的管理和控制，另一方面县银行数量持续增加，实力和影响力有所增强，很快进入鼎盛时期。1942—1947年全国共成立县银行526家，占县银行总数的96.7%。设立县银行的省份从1942年的5个增加至1947年的19个，实现了全国主要区域的基本覆盖。截至1947年12月，全国新增县银行达到544家。（详见表2-7、表2-8）

表2-7　　　《县银行法》颁布后县银行增设情况统计　　　单位：家

年份 省份	1940	1941	1942	1943	1944	1945	1946	1947	合计	备注
四川	2	15	43	36	17	10	5	3	131	含重庆市银行
陕西			4	16	26	11	3	1	61	
湖北			1	6	10	9	12	16	54	含汉口市银行
河南			1	34	14			1	50	
云南				1	2	2	19	21	45	
安徽				1	2	15	10	10	38	
江苏							23	12	35	含南京、上海市银行
浙江					1		6	21	28	
江西				1	1	2	1	14	7	26
福建					2		3	14	19	
湖南						1		3	10	14
贵州				1	1	2	3	5	12	
广东		1		1		1		7	10	含广州市银行
甘肃					1		3	2	6	
西康					1	3	1	1	6	
河北								3	3	
山西								3	3	
广西						1		1	2	

续表

年份省份	1940	1941	1942	1943	1944	1945	1946	1947	合计	备注
山东								1	1	
合计	2	16	50	100	78	54	106	138	544	

注：受资料所限，数据统计起止时间：1940年1月至1947年12月。下同。

资料来源：沈长泰：《省县银行》，大东书局1948年版，第44页。

表2-8　《县银行法》颁布后县银行资本统计　　单位：家；万元

省份	县银行数	资本总额	平均资本额
四川	131	57594.63	439.65
陕西	61	3157.23	51.76
湖北	54	139682.40	2586.71
河南	50	5721.48	114.43
云南	45	66887.00	1486.38
安徽	38	28178.84	741.55
江苏	35	303600.00	8674.29
浙江	28	157833.00	5636.89
江西	26	36235.50	1393.67
福建	19	132170.00	6956.32
湖南	14	168199.50	12014.25
贵州	12	48162.00	4013.50
广东	10	61900.43	6190.04
甘肃	6	15503.86	2583.98
西康	6	5020.00	836.67
河北	3	25014.00	8338.00
山西	3	38000.00	12666.67
广西	2	6132.90	3066.45
山东	1	6000.00	6000.00
合计	544	1304993.00	2398.88

资料来源：据沈长泰《省县银行》所载资料计算，大东书局1948年版，第44、52—61页。

第二章
近代中国县银行起源与发展

1948年至新中国成立，是县银行的没落衰亡期。经过几年快速发展，到1947年年末，全国县银行无论在数量上，还是在覆盖范围上达到了一个顶峰，但很快就内外交困，由盛转衰。军事方面，解放战争全面爆发后，国民党节节败退。1948年，解放战争三大战役陆续打响，南京国民政府岌岌可危。经济方面，货币超发严重，通货极度膨胀，信用环境恶化。1937年6月全面抗战，法币发行额为14.1亿元，到1945年9月抗战结束，法币发行额为6742亿元，增加478倍。1946年6月，解放战争全面爆发后，内战军费迅速上升，黄金和外汇储备已枯竭，法币发行再度上升。1948年5月起，法币发行数额每月翻一番。8月21日，法币发行额高达663.7万亿元，是全面抗战前的47万倍，物价则是全面抗战前的3492万倍。法币迅速贬值，通货恶性膨胀，对县银行等各类银行冲击极大，资本金严重缩水，严重影响银行正常的存放款等业务。

为了挽救已濒临破产的法币和陷于水火的经济，国民政府开展币制改革。1948年8月19日，国民政府公布了《财政经济处分令》《金圆券发行办法》等一系列财政金融法规。按照1∶3000000的标准将法币兑换成金圆券，限期用金圆券强制兑换民间金银外币。但是，金圆券面世不到一年就很快走上了法币的老路，至1949年5月25日金圆券发行额达到60万亿元，较1948年增加65万倍。[①] 7月3日，鉴于经济秩序已经混乱，又实施所谓币制改革，改为银元本位制，并发行银元兑换券，结果发行失败。此时，国民政府的金融体系已经全面崩溃，县银行随之走向终结。

本章小结

在介绍县银行产生背景的基础上，阐述西方银行思想如何引入

[①] 千家驹、郭彦岗：《中国货币史纲要》，上海人民出版社1985年版，第229页。

中国,并得以萌芽和发展,最终产生县银行思想。将县银行的发展历程划分为两个阶段进行阐述,为后续章节分析打下必要的基础。本章主要内容如下:

第一,梳理了西方银行思想在中国出现、萌芽、发展,以及县银行思想的产生。鸦片战争以后,银行思想随着外资银行传入中国。半个世纪之后,银行思想终于生根发芽,第一家中资银行出现。受外资银行专业化思想的影响,中资银行进一步向专业化银行发展。进入20世纪,日本银行专业化思想深深影响中国。辛亥革命后,中华民国的成立为专业化银行思想的实践创造了良好契机,地方农工银行思想就是其中之一。1915年,北洋政府参照日本《农工银行法》,草拟并颁布《农工银行条例》。农工银行是中国首次出现以县域为营业范围的地方银行,也是中国最早的县银行。

第二,回顾了县银行的起源与探索阶段。1915—1940年,县银行处于起源与探索阶段。这一阶段的县银行包括县农工银行和其他以县域为营业范围的县域银行。在此期间,县银行先后经历北洋政府、南京政府和抗日战争全面爆发三个重要时间节点。在北洋政府时期,县银行几乎没有发展。原因有二:一是由于政局动荡不稳定,政府对银行业影响力弱,具体表现为政府对农工银行虽有统一的规划和安排,但是没有强有力的支持。整个经济处于自由经济发展阶段,县银行的发展只能依靠自己。二是县银行所处的县域经济处于崩溃的边缘,缺乏县银行生存和发展的土壤。1927年,南京政府成立以后,逐渐加强对经济金融的控制,金融业开始从自由市场型向政府垄断型过渡,形成"四行两局一库"的垄断金融体制。抗日战争全面爆发以后,南京国民政府的垄断金融体制需要夯实地方经济,发展县域经济,规范县银行的发展提上了日程。

第三,回顾了县银行的兴衰阶段。1940—1949年,县银行处于发展与衰亡阶段。1940年国民政府颁布《县银行法》,以"调剂地方金融,扶助经济建设,发展合作事业"为宗旨的县银行由此而产生。《县银行法》的诞生标志着县银行的发展进入了新的时期。在战时金融体制下产生的县银行，以县域经济发展为己任，逐渐从抗战大后方的西南地区开始，逐渐向其他地区扩展。特别是在抗战结束后，在国民政府的大力支持下，实现了一定程度的发展。1940年到1947年年底，全国增设县银行达到544家，设立县银行的省份有19个，实现了全国主要区域的基本覆盖。这一时期，县银行能够有所发展的主要原因在于：一是垄断金融体制下，尤其是全面抗战爆发之后，政府对金融业的垄断是支持县银行发展的重要力量，单单依靠自身的力量实现发展是非常困难的。二是与上一个时期相比，中国经济无论是经济结构还是经济总量都有了较大的发展，这为县银行提供了一定的可能。此外，大中型银行过于偏重大中型城市，为县银行留下了生存空间。

第三章

近代中国县银行治理结构及其变迁

银行治理与银行竞争力密切相关,加强银行治理是提升银行绩效的重要手段。由于同属于公司制,近代中国县银行与当前商业银行的治理结构大体一致,可参照现行有关规定,了解对银行治理的定义。根据中国银行业监督管理委员会制订的《商业银行公司治理指引》(银监发〔2013〕34号),"商业银行公司治理是指股东大会、董事会、监事会、高级管理层、股东及其他利益相关者之间的相互关系,包括组织架构、职责边界、履职要求等治理制衡机制,以及决策、执行、监督、激励约束等治理运行机制"。[①] 按照这一定义,银行治理结构应当包括股权结构、组织结构、人员结构、风险管理与激励约束机制等内容。本章主要围绕股权结构、组织结构和激励约束机制三个重要内容分析近代中国县银行的治理结构。

第一节 县银行官商合资的股权结构

股权结构是银行治理结构形成的基础,是指不同性质的股份所

---

① 中国银行业监督管理委员会:《商业银行公司治理指引》,2013年7月19日。

占的比例及其相互关系。在不同的股权结构下，由于股东持股比例的差异，对银行治理结构产生不同的影响。这些影响表现在银行控制权、银行日常经营管理等诸多方面。纵观近代中国县银行历史，官商合资是县银行股权结构的突出特点。其中，县级地方政府或政府财政部门所持有的县银行股份称为官股或公股。民间所持有的县银行股份称为商股或民股。

一　1915—1940年县银行股权结构

（一）对官股、商股股东资格的规定

《农工银行条例》第五条规定"农工银行之股东以籍隶该县，或在该行营业区域内产业、住所者，尽先招集"。同时，第六条规定"农工银行营业区域内，地方公法人亦得为该行股东"。[①] 该规定表明，县银行商股资金的募集优先面向本地人士，当本地募集资金不足时，才将募集范围扩大至其他区域。还强调地方公法人，也就是县地方政府机构必须是县银行股东，即官股股东。

（二）县银行的官商股权结构情况

1. 县农工银行的官股比例中不能超过实收资本的一半

《农工银行条例》中没有官商股东所持有股份的比例的相关要求。《农工银行招股章程》细化了招股的有关细节，但是依然没有股东持股的具体条款。直至1918年9月的《修正劝业、农工银行条例大纲》中才予以明确。该大纲指出："各县农工银行应由该地方官厅酌拨公款，认受其股份。既可以促银行之成立，且足以期尽其完全之监督责任"，要求"农工银行资本应酌定标准，由各地方拨助公款，但不得逾其实收金额之半数"，即政府公款出资持有的官股不能超过农工银行实收资本总额的50%。[②]

实际情况是，因商股募集资金时间较长，县农工银行必须依赖

[①]《农工银行条例》，中国人民银行江苏省分行、江苏省金融志编委会：《中华民国金融法规档案资料选编》，档案出版社1989年版，第214页。

[②]《修正劝业、农工银行条例大纲》，中国第二历史档案馆：《中华民国史档案资料汇编》第三辑金融（一），江苏古籍出版社1991年版，第219—220页。

官股才得以成立。第一批成立的大宛农工银行、通县农工银行都是采用这种模式。以财政部批准设立的模范农工银行——大宛农工银行为例，根据《大宛农工银行章程》中的规定，大宛农工银行资本总额定为100万元。由于商股资金招募不足，由财政部、京兆财政厅两个部门先行出资20万元公款充当银行的官股资本金。1918年11月，银行营业所需费用，按照年息六厘的标准从京兆财政厅借支，5年内还清本息。到1919年为止，商股募集资金达到银行章程规定的资本金要求。自1920年1月起，大宛农工银行完全改为商办。① 通县农工银行的情况与之类似，《京兆通县农工银行试办章程》中规定，"本银行资本为二十万元，商股未招足前，先由财政部及京兆财政分厅合垫十万元开始营业。俟陆续招有商股，由银行酌量情形，将官股次第售与人民"，这说明通县农工银行开业时所需资本金全部来自政府财政资金。②

2. 其他地区的县银行股权结构各有差异，对官股和商股的要求有所不同

广东各县银行的商股比例高于官股。1933年《广东省县银行章程》规定"县银行由官民共同组织之，一切行务由民股主持，官股处监察地位"，"县银行法定资本总额最低为一十万元，按县之资力而定，每股十元。其股本之募集，由县府商会、各区公所，组织募股委员会，向当地人民招募之。民股不得少过百分之八十，官股不得超过百分之二十，以期利益普及于人民"。官股的资金来自地方政府，"官股由县府拨付，准由该县将地方款提充"。③

广西各县农民银行的官股比例高于商股。股东分为无限责任股东和有限责任股东，其中的广西农民银行和县地方政府所持有的股份为官股，县地方人士所持股份为商股。其中，广西农民银行绝对

---

① 沈飞：《中国农工银行及其发行的纸币》，《收藏》2012年第3期。
② 中国第二历史档案馆：《中华民国史档案资料汇编》第三辑金融（一），江苏古籍出版社1991年版，第412、424—426页。
③ 《广东省县银行章程》，《广东省政府公报》1933年第231期。

控股，官股比例高于商股。1938年《广西各县农民银行章程》规定"广西农民银行为无限责任股东，县地方公团及私人为有限责任股东，无限责任股东应占资本总额百分之五十一，有限责任股东应占资本总额百分之四十九"。① 因此，广西的县农民银行性质属于官方控股的官商合资银行。

同样是县农民银行，浙江各县农民银行资本金全部来自官股，没有商股资金。1931年《嘉兴县地方农民银行章程》规定"本银行资本总额定为银币二十万元，以指定田赋项下带征之农民银行基金充之，收足四分之一以上时，得呈由县政府转呈省政府核准，开始营业"。② 1932年浙江颁布《浙江省县农民银行在田赋正税项下带（代）征股本办法》，该办法规定浙江省"各县农民银行股本，在田赋正税项下，就地丁每两抵补金每石各带征银元一角至五角"。③ 田赋属于政府收入，因此浙江的县农民银行的资本金全部来自政府，其性质属于官办县银行。

综上所述，这一时期的县银行，包括县农工银行、县农民银行等，官股和商股比例有所差异。各地各类县银行的股权结构情况是：全国各县农工银行的官股不能超过50%，广东省的各县银行官股不能超过20%，广西各县农民银行的官股超过了50%，浙江各县农民银行的官股为100%。从实际作用看，无论官股持股比例多少，在各县银行的成立过程中，由于商股资金募集困难，县银行通常由政府先行用公款全额出资先行设立，营业之后再招募商股，官股发挥了主要作用。

二 1940—1949年县银行股权结构

这一时期对官股、商股股东资格的规定没有发生变化，县银行仍实行官商合资。《县银行法》第一条规定，"县银行由县政府以乡镇之公款与人民合资"。关于县银行的资本及官商股份比例要求，

---

① 《广西各县农民银行章程》，《中央银行月报》1938年第7卷第7期。
② 《嘉兴县地方农民银行章程》，《浙江省建设月刊》1931年第4卷第67期。
③ 《浙江省建设月刊》1932年第5卷第10期。

该法第六条明确提出"县银行资本总额至少须达五万元，商股不得少于二分之一"。换言之，县银行商股应该大于或等于官股的比例，在官商股权的数量要求方面，县银行与县农工银行也保持完全一致。

（一）官股的筹集方式和资金来源

在这一时期县银行筹建过程中，不少地方政府资金并不充裕，官股资金只能通过多种方式筹措，各地有所不同。

1942年，四川省在《各县筹设县银行应行注意事项》中规定，县银行官股股本资金有如下三种筹措来源："历年地方经费结余款；本年整理特许费及公有不动产增益；其他。"① 县银行官股资金来源还有：公款购买的救国公债，各县代征的历年老百姓欠县地方的附加余额，各县乡镇公有财产依法变卖所得资金，省银行在各县未记名人士所持股份历年所得的股息和红利，等等。②

1944年，西康省县银行的官股资金有两种募集办法，一种是"由省政府核定县预算时，将县府应入县银行之公股，酌量列入"，另一种是利用"各县历年结余之款，或奉令存储之款，未指定用途者，均可呈准省府，移作县银行股金"。③

云南省县银行建设分为两期，1944年募集第一期县银行的官股资金时，先以各县征收的自治税捐增加的收入及其他公款拨充，不够时再动用县政府预备金。第二期县银行官股资金，列入各县的1945年预算支出的投资基金科目。④

根据福建省财政厅的部署，福建省银行在当地的分支机构协助筹设各县银行。先低价租借省银行的财产，官股资金由县政府自行募集。如1941年，将乐县银行资本总额为30万元，官商股份各一

---

① 《四川省政府公报》，1942年第317期。
② 许廷星：《战后县银行存废问题》，《四川经济（季刊）》1945年第3期。
③ 李玉峰：《西康县银行现况及其前瞻》，《西康经济（季刊）》1944年第9期。
④ 《云南省志·金融志》编委会：《云南省志·金融志》，云南人民出版社1994年版，第127页。

半，县政府拨款 15 万元作为官股资金，试行营业，之后再行募集商股资金。①

除了县银行成立之初的政府出资所持有的初始股份之外，政府还在一些县银行后续的增资扩股中进行增持。这部分增持的官股仍来自政府资金。

（二）商股的筹集方式和资金来源

县银行商股资金的要求。根据《县银行法》，"县银行之商股，应就本县境内有住所者尽先招募，如有不敷，得在营业区外招募足额"。在政策实施过程中，各县银行的操作略有差异。

西康省主要面向乡绅富裕人群，将募集商股的任务交给商会和保长，"筹集商股时由县府公告，并责成县商会及乡镇保长向县乡绅劝募"。

1947 年，国民政府为有计划进一步加快各类银行在全国的分布，打造有系统的金融网络，在《经济改革方案》中提出"以县为金融制度之基层机构，以便利建设，并配合地方自治之推行。县银行以每县一行为原则，初办时其资本，县占四成，中央六成，待县自治工作次第完成时，中央资本逐渐减少，将来达到地方七成，中央三成之比例"。② 同年 7 月，财政部总结县银行推广经验，认为部分地方商股资金募集存在困难，需要加大政府支持力度，为此提出修正县银行法草案，删除"商股至少二分之一"的规定，不做比例要求。1948 年 1 月，全国经济委员会第二十九次会议通过《经济改革方案实施办法》，修正县银行的有关要求，"招收民股时，民股总额不得超过资本总额百分之五十"，"县银行得向中央银行或省银行申请投资，作为提倡股。提倡股总额不得超过县公股之百分之五十，并应于三年内补足县公款，分等摊偿之"。同年 12 月，行政院

---

① 福建省地方志编纂委员会：《福建省志·金融志》，新华出版社 1996 年版，第 158 页。

② 中国人民银行江苏省分行、江苏省金融志编委会：《中华民国金融法规档案资料选编》，档案出版社 1989 年版，第 958 页。

制定《公营银行调整资本办法》，规定"县银行调整资本后，官股数额不得少于原官股所占资本总额之比例"。①

（三）县银行的官商股权结构情况

在东、中、西部三个区域，以县银行数量较多的浙江、湖南、陕西三省为例，进一步考察县银行的官商股权结构情况。

由表3-1、表3-2、表3-3浙江、湖南、陕西三省县银行资本及官商股权构成可见，不同县银行资本结构方面的官商股所占比例相差较大。

表3-1　　　　　浙江省县银行资本及股权结构　　单位：万元法币；%

银行名称	成立年月	实收资本	官股资本	比例	商股资本	比例
开化县银行	1947.07	650	300	46.15	350	53.85
江山县银行	1947.10	6400	2600	40.63	3800	59.37
余姚县银行	1947.03	2000	760	38.00	1240	62.00
杭州市银行	1947.08	30000	10000	33.33	20000	66.67
海宁县银行	1947.09	6000	2000	33.33	4000	66.67
永嘉县银行	1944.05	2000	600	30.00	1400	70.00
瞿县县银行	1947.08	3990.05	1200	30.07	2790.05	69.93
鄞县县银行	1946.07	10000	2648.75	26.49	7351.25	73.51
嘉兴县银行	1947.05	4000	1000	25.00	3000	75.00
奉化县银行	1947.11	4000	1000	25.00	3000	75.00
慈溪县银行	1946.12	2000	500	25.00	1500	75.00
临安县银行	1947.07	20000	4000	20.00	16000	80.00
宁海县银行	不详	10000	2000	20.00	8000	80.00
镇海县银行	1936.11	5000	1000	20.00	4000	80.00
德清县银行	1947.09	5000	1000	20.00	4000	80.00
杭县县银行	1947.02	2000	400	20.00	1600	80.00
崇德县银行	1947.08	2000	400	20.00	1600	80.00

---

① 中国第二历史档案馆：《中华民国史档案资料汇编》第五辑第三编财政经济（二），第47、130页。

续表

银行名称	成立年月	实收资本	官股资本	比例	商股资本	比例
东阳县银行	1947.04	200	40	20.00	160	80.00
嘉善县银行	1946.01	8500	1500	17.65	7000	82.35
定海县银行	1947.04	10000	1237	12.37	8763	87.63
吴兴县银行	1947.05	10000	1000	10.00	9000	90.00
萧山县银行	1947.09	10000	1000	10.00	9000	90.00
上虞县银行	1946.10	8000	400	5.00	7600	95.00

注：表中不包括无官商股份数量的县银行。官商股所占比例依据表中官商股份数据计算所得。

资料来源：浙江省金融志编纂委员会：《浙江省金融志》，浙江人民出版社2000年版，第102页。

表3-2　　　　　湖南省县银行资本及股权结构　　　单位：万元法币；%

银行名称	成立年月	实收资本	官股资本	比例	商股资本	比例
安化县银行	1948.08	稻谷5000石	稻谷4000石	80.00	稻谷1000石	20.00
汉寿县银行	1948.07	8760	5000	57.08	3760	42.92
常德县银行	1946.04	1039.5	483.5	46.51	556	53.49
宁乡县银行	1947.11	20000	9000	45.00	11000	55.00
石门县银行	1947.05	21000	9000	42.86	12000	57.14
长沙市银行	1946.01	30000	12000	40.00	18000	60.00
沅陵县银行	1947.12	10000	4000	40.00	6000	60.00
长沙县银行	1946.01	500	200	40.00	300	60.00
武冈县银行	1943.05	100	40	40.00	60	60.00
益阳县银行	1946.01	20000	6000	30.00	14000	70.00
湘潭县银行	1947.06	5000	1500	30.00	3500	70.00
湘乡县银行	1948.03	银元10万	银元3万	30.00	银元7万	70.00
祁阳县银行	1947.07	20000	4000	20.00	16000	80.00
衡阳县银行	1947.08	15800	2200	13.92	13600	86.08
浏阳县银行	1946.12	9370	1220	13.02	8150	86.98

◇ 中国县银行结构及绩效研究(1915—1949)

续表

银行名称	成立年月	实收资本	官股资本	比例	商股资本	比例
澧县县银行	1947.04	1669	200	11.98	1469	88.02

注：表中不包括无官商股份数量的县银行。官商股所占比例依据表中官商股份数据计算所得。

资料来源：数据来源于湖南省地方志编纂委员会：《湖南省志·金融志》，湖南出版社1995年版，第218—220页。

表3-3　　　　　　陕西省县银行资本及股权结构　　单位：万元法币；%

银行名称	成立年月	实收资本	官股资本	比例	商股资本	比例
平民县银行	1943.12	10726	10644	99.24	82	0.76
洛川县银行	1943.06	11100	10960	98.74	140	1.26
蒲城县银行	1942.03	5150	5000	97.09	150	2.91
紫阳县银行	1942.09	754	636	84.35	118	15.65
襄城县银行	1942.05	1740	1400	80.46	340	19.54
留坝县银行	1945.02	5000	4000	80.00	1000	20.00
澄城县银行	1943.06	5240	4060	77.48	1180	22.52
宁强县银行	1942.10	5965	4057	68.01	1908	31.99
西乡县银行	1941.06	1190	690	57.98	500	42.02
宜山县银行	1944.05	5538	3000	54.17	2538	45.83
长安县银行	1940.12	959	508	52.97	451	47.03
永寿县银行	1942.04	12000	6000	50.00	6000	50.00
柞水县银行	1946.04	3700	1850	50.00	1850	50.00
略阳县银行	1942.12	2980	1490	50.00	1490	50.00
商县县银行	1941.10	200	100	50.00	100	50.00
乾县县银行	1943.03	200	100	50.00	100	50.00
岚皋县银行	1943.09	600	300	50.00	300	50.00
镇巴县银行	1946.03	5000	2500	50.00	2500	50.00
陇县县银行	1942.09	2000	1000	50.00	1000	50.00
大荔县银行	1941.08	3000	1480	49.33	1520	50.67
雒南县银行	1942.01	200	90	45.00	110	55.00

续表

银行名称	成立年月	实收资本	官股资本	比例	商股资本	比例
鄠县县银行	1942.05	200	83	41.50	117	58.50
宜君县银行	1946.03	7500	3000	40.00	4500	60.00
栒邑县银行	1946.04	10000	4000	40.00	6000	60.00
兴平县银行	1941.04	10000	4000	40.00	6000	60.00
临潼县银行	1941.08	10000	4000	40.00	6000	60.00
长武县银行	1943.06	15000	5000	33.33	10000	66.67
邠阳县银行	1945.06	2600	810	31.15	1790	68.85
白河县银行	1942.10	10000	3080	30.80	6920	69.20
洋县县银行	1944.07	20000	6000	30.00	14000	70.00
渭南县银行	1941.08	15000	4500	30.00	10500	70.00
南郑县银行	1941.10	700	200	28.57	500	71.43
扶风县银行	1944.08	10000	2600	26.00	7400	74.00
城固县银行	1941.10	1000	260	26.00	740	74.00
华县县银行	1941.07	100	25	25.00	75	75.00
汉阴县银行	1942.10	400	100	25.00	300	75.00
凤县县银行	1946.01	8000	2000	25.00	6000	75.00
安康县银行	1942.03	2000	450	22.50	1550	77.50
洴阳县银行	1942.10	2000	400	20.00	1600	80.00
郿县县银行	1943.09	1000	200	20.00	800	80.00
黄陵县银行	1942.07	2500	500	20.00	2000	80.00
凤翔县银行	1941.08	10000	1835	18.35	8165	81.65
岐山县银行	1944.10	1096	196	17.88	900	82.12
泾阳县银行	1941.08	1573	256	16.27	1317	83.73
白水县银行	1942.09	5000	750	15.00	4250	85.00
华阴县银行	1941.07	1400	207	14.79	1193	85.21
醴泉县银行	1942.08	400	52	13.00	348	87.00
咸阳县银行	1941.07	1200	140	11.67	960	80.00
朝邑县银行	1942.04	150	16	10.67	134	89.33
高陵县银行	1942.04	400	40	10.00	360	90.00
郃县县银行	1941.07	10000	940	9.40	9060	90.60

◇ 中国县银行结构及绩效研究(1915—1949)

续表

银行名称	成立年月	实收资本	官股资本	比例	商股资本	比例
武功县银行	1946.08	10100	808	8.00	9292	92.00
耀县县银行	1942.11	150	10	6.67	140	93.33
潼关县银行	1943.11	5496	296	5.39	5200	94.61
韩城县银行	1944.11	1000	40	4.00	960	96.00
宝鸡县银行	1943.04	10000	400	4.00	9600	96.00
同官县银行	1944.07	1000	24	2.40	976	97.60
宜川县银行	1942.07	10000	231	2.31	9769	97.69
淳化县银行	1944.05	9246	211	2.28	9035	97.72
三原县银行	1941.07	10000	40	0.40	9960	99.60
平利县银行	1945.03	5000	0	0.00	5000	100.00

注：表中不包括无官商股份数量的县银行。官商股所占比例依据表中官商股份数据计算所得。

资料来源：沈雷春编：《中国金融年鉴》，中国金融年鉴社1947年版，第A229—238页。

地处东部地区的浙江省的23家县银行，完全符合商股不得低于官股的规定，商股比例最低的是53.85%，最高的甚至达到95%。主要是浙江作为东部经济较发达省份，县银行的商股资金募集比较顺利，商股所占比重较高。

地处中部地区的湖南省16家县银行中，有14家县银行的商股比例等于或超过官股，占87.5%；有两家县银行的官股比例更高，其中安化县银行的官股占比80.00%，汉寿县银行的官股占比57.08%。这两家县银行是湖南成立时间最晚的县银行，成立于1948年的下半年。1948年以后成立的县银行中，湘乡县银行资本金募集使用银元，汉寿县银行仍使用法币，安化县银行为避免通胀对资本金的影响，则直接用稻谷。可见，货币改革的混乱已经波及边远的县银行，对银行的资本规模、资本结构都产生了直接冲击。其中安化县银行的官股和商股出资不是资金，而是稻谷。主要原因是此时国内已经出现恶性通货膨胀，也正是这个原因使得这两家县银行的商股资金募集困难，导致官股比例较高。

地处西部地区的陕西省61家县银行中，有50家县银行的商股比例等于或超过官股，占81.97%；有11家县银行的商股比例低于官股，占18.03%。"少数贫苦县份，如洛川、中部（后更名为黄陵县）、宜川、略阳、白河等县，筹集资本曾经很多困难，方始开业。"[①] 这11家县银行基本都是经济水平相对较低的县份，其中6家县银行的官股资本超过或等于80%，平民县银行、洛川县银行、蒲城县银行的官股资本甚至占95%以上。因此，为了如期完成陕西省的县银行筹建任务，这些县银行的资本必须依赖官股。

1948年7月实施币制改革，金圆券替代法币成为流通货币。12月2日，行政院对县市银行资本调整提出了要求，实际上强化了县市银行的官股地位。"县银行最低资本额为金圆券叁拾万金圆"，同时，对市银行的资本金也做出了详细规定，"市银行最低资本额分为五等，上海为伍佰万金圆，广州、天津二市，各为叁佰万金圆，南京、北平、沈阳、汉口、重庆、成都、西安、昆明等八市，各为贰佰万金圆，桂林、汕头、福州、厦门、杭州、徐州、蚌埠、济南、南昌、长沙、衡阳、贵阳、自贡、太原、兰州等十五市，各为壹佰万金圆，达（连）云、唐山等二市，各为伍拾万金圆"。[②] 其中，需要特别指出的是，该办法要求县市银行调整资本后，"官股数额不得少于原官股所占资本总额之比例"，这就意味着此次调整资本金，突出了官股在县市银行的作用。

三 官股主导的官商合资：县银行股权结构的变化

总结两个时期县银行的股权结构情况：1915—1940年，这一时期的县银行县农工银行的官股比例低于商股，县农民银行的官股、商股比例在不同区域各有高低；1940年以后，除了少数地区之外，

---

① 屈秉基：《抗日战争时期的陕西金融业》，《陕西财经学院学报》1985年第3期。
② 《公营银行调整资本办法》，中国第二历史档案馆：《中华民国史档案资料汇编》第五辑第三编财政经济（二），第47页。

大部分县银行的官股比例低于商股。因此，从形式上看，官商合资的县银行总体表现为商股为主、官股为次。

从实际作用看，则是官股为主、商股为次，官股在县银行股权结构中的主导作用越发凸显。纵观县银行的发展历程，官股始终占据着主导地位，官商股份比例的变化没有对县银行产生实质性的影响。早期县银行，地方经济落后，商股难以募集，县银行的筹建依赖官股资金。无论官股持股比例多少，在各县银行的成立过程中，官股发挥了主要作用。20世纪40年代以后，县域经济有所发展，不少地区的县银行具备了募集商股资金的能力，商股名义上占有多数，但是由于比较分散，在政府金融垄断体制下，出于金融机构控制和金融政策落实的需要，尤其在县银行商业属性明显淡化的情况下，官股地位不断凸显。

影响县银行股权结构的主要因素主要有两个：

一是法律法规的规定，是影响县银行股权结构及其变化的直接因素。《农工银行条例》和《县银行法》对出资人、股权结构的规定，县银行由官商股东共同出资。《农工银行条例》规定地方公法人以及本县居民都可出资入股，确定农工银行的最低资本不得低于十万元。《县银行法》明确规定了官股所占比例不得超过商股的一半，这就决定了各地区大部分县银行商股所占比例超过官股。相关法律的规定，决定了县银行不是政府或民营独资银行，而是官商合资的地方银行。《县银行法》出台以后，进一步强化和明确了官商股本占有的比例，这是县银行股权结构一个比较明显的变化。

二是地方经济基础和条件的差异是县银行股权结构的决定性因素。近代中国地方经济发展不平衡的情况始终存在，县域经济发达程度与交通状况、地理位置等因素密切相关。千差万别的县域经济条件，影响了县银行的股权结构。经济发达地区的县银行商股募集资金更加容易，商股募集的资金量更大，比重也更高。经济落后地区的县银行不能及时募集足够的商股资金，需由地方政府提供更多的资金方能开业。从地处东、中、西部的浙江、湖南和陕西三个省的县银行股权结构对比中发现，以商股为主的县银行比例是从高到低依次递减的。这表明地方经济发展水平对县银行股权结构的决定性影响。

第二节 县银行官商合办的组织结构

银行组织结构是银行治理的核心内容。银行组织结构是指银行内部和外部各部分和生产要素的排列形式、聚集状态和相互之间的关系。银行组织结构可以分为外部组织结构和内部组织结构。银行外部组织结构包括银行分支机构的设置及其相互关系。银行内部组织结构是银行组织内部各个有机构成要素相互作用的联系方式。

一 单一银行制：县银行外部组织结构

按照银行组织结构的分类，银行外部组织结构主要包括总分行制、单一制、持股公司制、连锁银行制等，其中总分行制度是最普遍的银行外部组织模式。总分行制又称为分支行制，是在同一地区或不同地区甚至国外设立分支机构，从而形成以总行为中心的银行网络的一种银行组织形式。中国通商银行在上海设立总行，在北京、南京、汉口等11个城市成立分支行。四川省银行总行设在重庆和成都，分支行遍布省内外的内江、万县、遂宁等105处。[①]

单一银行制又称为单元银行制，是相对于总分行制而言的一种银行组织形式，是指银行具有独立的法人资格，不允许设立分支机构与跨区域经营的银行体制。《农工银行条例》规定："农工银行以一县境为营业区域。在一营业区域内，以设立一行为限。如地方有特别情形，得由该管官厅转请财政部核准，将一县分为二营业区域以上，或二县合为一营业区域"，"农工银行在营业区域内开设分号或代理店时，须禀由该管官厅转请财政部核准"。根据这一规定，

---

① 姜宏业：《中国地方银行史》，湖南出版社1991年版，第165—167页。

县银行在一县域内一般只设一家银行，没有总行、分行之别。因此，县银行外部组织结构属于单一制银行制。

根据通县农工银行章程的规定，通县农工银行在通县内外的区域都没有设置分支机构，符合单一银行制的特征。1933年5月成立的青岛农工银行，总部设于青岛城区，青岛以外的地区没有设置分支机构，在青岛各主要区域和乡镇设有办事处。1933年开始，先后在沧口、李村、九水、阴岛、薛家岛五个乡区设立办事处，1936年在夏庄、崂东、浮山、水灵山岛四地增设办事处。[①]

《县银行法》对县银行的外部组织结构的要求与《农工银行条例》基本一致，要求"县银行以各该县乡镇为营业区。但因地方特别情形，得由二县以上，或由一县连同附近之邻县乡镇，合并为营业区"，同时还要求"县银行于营业区域内，得设分支行或办事处，但应呈由该管地方官署转请财政部备案"。在《县银行章程准则》中进一步明确为"得因业务上之需要，呈请县（市）政府转呈省政府咨请财政部核准于县（市）区内设办事处"。[②] 县银行原则上以某一县为营业区，不得跨区经营，营业区内只设一家银行，不设分支行。县银行如需扩大营业区或在营业区内设办事处，须经财政部批准同意。

进入20世纪40年代，县银行不仅在县域以外极少设立分支机构，即使在县域范围内，也仅有少数县银行在所辖乡镇设置办事处等分支机构，且数量不多。1944—1948年，江西省成立的34家县银行都没有设置分支行，仅有赣县、信丰、铅山、清江、上犹、南昌和新建7家县银行在所在区域设置办事处。[③] 1945年四川省133家县银行中，有74家没有分支机构，有59

[①] 姜宏业：《中国地方银行史》，湖南出版社1991年版，第417—418页。
[②] 中国人民银行江苏省分行、江苏省金融志编委会：《中华民国金融法规档案资料选编》，档案出版社1989年版，第214、638、643页。
[③] 江西省金融志编纂委员会：《江西省金融志》，黄山书社1999年版，第84页。

家在所在县域内有分支机构。① 贵州省成立的21家县银行都没有设置分支行,仅有贵阳市、平越县、赤水县3家县银行在所在区域设置办事处。② 福建省20家县市银行,仅有厦门市、福州市、林森县、永春县、建瓯县银行5家县市银行在所在区域设置办事处。③

二 官办商营的股份公司制:县银行内部组织结构

(一) 1915—1940年县银行内部组织结构

《农工银行条例》没有对银行的内部组织结构做出具体规定,仅指出凡是与《公司条例》等不抵触的,农工银行均适用相关条款。根据《公司条例》第四章中"股份有限公司"的有关要求④,县银行的内部组织结构采用股份有限公司模式,包括官股和商股股东组成的股东会、董事会、监事会、经营管理层和内设部门机构等组成的组织架构,分为决策机构、监督机构、执行机构三类。

根据通县农工银行章程,通县农工银行为股份有限公司,由官股和商股股东共同组成股东会、董事会和监察人。内设机构设置文书课、调查课、营业课、出纳课、会计课共五个(见图3-1)。其中,文书课负责撰拟收发文件、发行债票等事务,下设文牍系、司会系、债票系、庶务系;调查课负责调查债务人的信用、不动产、鉴定评估抵押品价格等事务,下设检查系、鉴定系;营业课负责存款、放款、保管抵押品和寄存物品等事务,下设放款系、存款系、抵押品系、保管系;出纳课负责现金出入事务,下设收款系、发款

---

① 四川省地方志编纂委员会:《四川省志·金融志》,四川辞书出版社1996年版,第36—41页。
② 贵州省地方志编纂委员会:《贵州省志·金融志》,方志出版社1998年版,第154页。
③ 福建省地方志编纂委员会:《福建省志·金融志》,新华出版社1996年版,第158—160页。
④ 中国第二历史档案馆编:《中华民国史档案资料汇编》第三辑农商(一),凤凰出版社1991年版,第31—32页。

系；会计课负责编制账簿表册、核算利息及收支款项等，下设计算系、存出金系。①

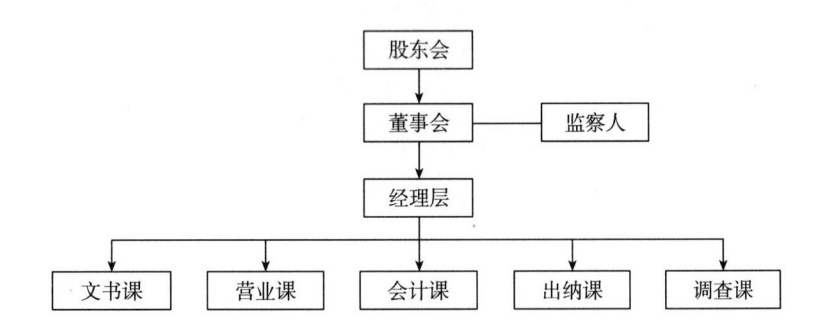

图 3-1 通县农工银行内部组织结构

根据《青岛市农工银行章程》，1933年成立的青岛农工银行为股份有限公司。银行股东总会为银行最高权力机构。"股东总会分为定期、临时两种，定期会每年二月召开一次，临时会除董事或监察人认为必须召集外，如有银行股额总数或户数在五分之一以上的股东提出理由，亦可召集。股东总会以董事长为主席。银行每一股为一议决权，一百股以上每十股为一议决权。"青岛市农工银行成立时，共设董事七人，监察人两人。按照出资时官股三成、商股七成的比例，确定官股董事一人，官股监察人一人，其余为商股董事和监察人。②

银行业既是资金密集型行业，更是知识密集型行业。长期关注近代银行业发展，曾任《银行周报》主编的徐沧水认为，"银行业之好榜样，盖以人才而起"，而"银行营业之盛衰均系乎人才，因人才而发生银行，则不问银行之大小，而其事业必易兴，因资本而

---

① 《京兆通县农工银行试办章程》，卓宣谋：《京兆通县农工银行十年史》，大慈商店1927年版，第40、44页。
② 《青岛市农工银行章程》，姜宏业：《中国地方银行史》，湖南出版社1991年版，第423页。

发生银行，则不问银行之大小，而其事业必难振"。①

按照县银行组织结构，县银行人员分为三个层次：第一个层次是高层管理人员，包括县银行的董事、监察人和经理层，第二层次是中层管理人员，包括县银行的内设部门和外设机构负责人，第三层次是基层工作人员，包括办事员（课员）、助理员（预备员）、练习生等。

由于地理位置、薪资水平等原因，县银行对优秀人才的吸引力不足，人才匮乏是困扰县银行的一大难题。除了挖掘其他中小金融机构的人才外，县银行还通过以下方式培养所需人才：

一是财政部全国农工银行事务局设立农工银行讲习所，作为农工银行工作人员的专门培训机构，为农工银行培养输送合格人才。1921年11月，财政部批准同意成立农工银行讲习所，办学地点设在北京。全国农工银行事务局发布《农工银行讲习所章程》②，农工银行讲习所"以教授银行学术，养成农工银行专门人才为宗旨"。招生学员的基本条件是"凡应考学生，以年龄在十五岁以上二十五岁以下，曾在中学以上学校毕业，或试验具有同等学力者为合格"。③ 入学考试的科目包括国文、英文、算术、历史、地理共五项科目。农工银行讲习所讲授的课程有"农工银行组织法、农工银行经营法、农工银行特种会计、银行簿记、银行学、银行实践、银行法规、经济学、货币学、统计学、商业学、商品学、法学通论、商法、商业簿记、商业算术、英文"。农工银行讲习所每班招收学生60名，学生达到毕业条件后，由农工银行事务局择优报送或介绍进入农工银行及其他银行工作。

二是一些省份面向社会公开招考录用，集中培训后分配上岗。浙江省"各县成立县农民银行或农民借贷所达三十五处，筹备设立

---

① 徐沧水：《银行杂感》，《银行周报》第3卷第112号，1919年8月19日。
② 《农工银行讲习所章程》，《政府公报》1921年12月21日第2092号。
③ 《农工银行讲习所第一期招生简章》，《政府公报》1921年12月21日第2092号，第14页。

者十一处。惟是农民银行，系属新兴事业，非有农业金融专门人才，难期办理妥善，亟应创办该项职员训练班，切实训练，以资任用，而利革新"。① 1934年，浙江省财政厅、建设厅组织开办县农民银行职员训练班，由中国农工银行杭州分行出资，招生对象包括两部分，一部分学员由各县政府或各农业金融机构保送，另一部分学员则面向社会公开招考，年龄要求在20岁以上40岁以下。学员的学历要求是：保送学员要求在初中以上学历，并具有一定商业从业经验；招考学员要求在高级职业中学农商科学习一年以上，初级职业中学农商科毕业。训练班一期招收学员50名，每期学习时间为三个半月。训练班开设的课程有"（一）银行学；（二）银行簿记；（三）合作概论；（四）农业金融；（五）商业常识；（六）特别演讲"。② 学习结束，训练班毕业的学员可以安排到全省各县农业金融机构工作。

（二）1940—1949年县银行内部组织结构

与之前情况有所不同的是，20世纪40年代以后，《县银行法》以及《县银行章程准则》对县银行的内部组织结构进行了比较细致明确的规定。

县银行的决策机构由股东会和董事会组成，其中股东会是县银行的最高权力机关和决策机构，由官股股东和商股股东共同组成。县银行股东会分为定期会议和不定期会议两种。股东会由董事会负责召集。定期股东会议的召集时间是每年年终结账后3个月内，一般须在会前1个月通知股东参加。县银行股东不定期会议由董事会或监察人认为必要时，或由持有股份总数达到1/20以上的股东先出具会议召集理由书并陈述召集事项，再由董事会召集，一般须在会前15日通知股东参加。股东会必须有参会股东超过应出席股东总数的一半，以及参会股东所持有及代表的股份超过总数的一半才能召

---

① 《政治成绩统计》1934年第6期。
② 《浙江省县农民银行职员训练班章程》，《浙江省建设月刊》1934年第8卷第1期。

开。县银行股东会上，官股、商股同股同权，即官股与商股表决权相同。具体来说，持有股票在十股以下的股东，一股有一票表决权；持有股票在十一股以上的股东，每两股增加一票表决权，每位股东的表决权，包括代理其他股东行使的表决权在内，合计不得超过全体股东表决权的 1/5。当到会股东表决权同意数超过一半，股东会决议有效。

董事会也是县银行决策机构之一，它由股东大会选举产生，并代表股东执行股东大会的决议。县银行董事会的董事人数，按照官股、商股出资的比例分别确定。县银行官股董事由县政府直接任命，商股董事由股东会依法选任。再从全体董事中推选出常务董事若干，并在常务董事中推选出一人为董事长。董事长对外代表银行，同时担任董事会及股东会主席。董事一届任期三年，可以按照程序连任。董事会一般每月召开一次，由董事长负责召集。每营业年度年终，董事会应编制营业报告书、资产负债表、财产目录、损益计算书、公积金及股息红利分配提案，一并提交股东会讨论决定。董事会参会董事人数须超过一半，方可开会。到会董事超过一半同意，议决有效。当同意和不同意票数相同时，以董事长意见为准。

县银行的监督机构由监察人组成。监察人总数由股东会决定，分为官股、商股监察人，各自人数按照出资比例确定。从全体监察人推选一人为常驻监察人，常驻县银行办公。监察人任期一年，可按照程序连任。监察人不得兼任所在县银行的其他职务。监察人可以列席董事会并陈述意见，但没有表决权。

县银行执行机构包括经营管理层和内设的职能部门。县银行一般设经理、副经理，下属部门机构设总务、业务、会计、出纳四股，每股设主任，设公库部门专行代理县公库职责。县银行的内部组织结构通常如图 3-2 所示。

对比前后两个时期，县银行内部组织结构基本一致，都采用股份有限公司形式，即股东会、董事会、监察人、经营管理层等，包括董事、监事的任期、职责权限都是基本相同,都是按照官商股东的出资比例确定官股商股在董事会、监察人中的人数,选拔程序也并无不同。内设机构的主要区别是20世纪40年代以后,因为县银行被授予代理公库的职责,公库业务部门成为县银行内部常设机构。

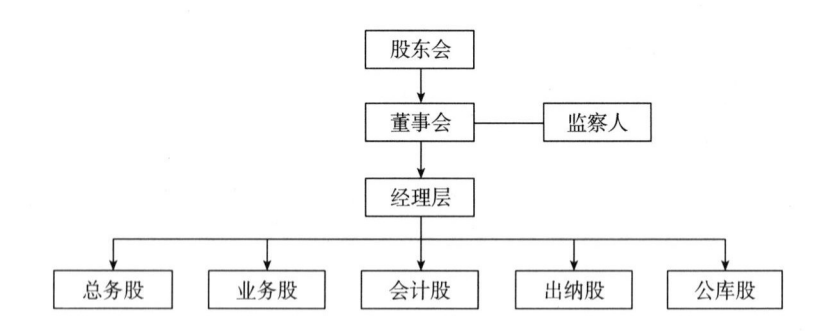

图 3-2 1940 年以后的县银行内部组织结构

县银行的管理人员中,其中一部分来自其他金融机构比如地方银行、银号钱庄中有一定经营管理经验的人员,但这部分远不能满足各地筹备县银行的需要。这一时期县银行大部分工作人员主要来自以下渠道:

一是地方政府统一培训,择优录用。各地方政府纷纷组织培训班,为县银行输送了大量人才。1940年开始,陕西省统一公开招聘县银行工作人员,先后举办四期金融训练班,为全省培训县银行人才。"陕西省地方行政干部训练委员会,筹考县银行业务人员一百名,内分主办人员二十五名,佐理人员七十五名。经短期训练,即分派各县银行充任经理或行员"。[①] 1940年10月至1942年6月,委托陕西省立政治学院开设培训班三期,共培训学员222人。其中,第一期培训95人,第二期培训57人,第二期培训70人,每期培训时

---

① 《陕行汇刊》1941 年第 5 卷第 8 期。

间为6个月,择优分配至各县银行任职。1943年4月,又开设县银行从业人员讲习班,培训学员42人,培训结束后派往新设的县银行。①

1946年11月,为恢复战后东北经济,东北行辕经济委员会决定成立"县级经济干部人员训练所",所长由东北行辕经济委员会主任委员兼任,下设金融、合作、农林三个培训班,其中的金融班是县银行干部训练班。培训人员来自东北范围内的各县,培训时间为期一个月。由于培训时间较短,参加培训的学员大部分是有一定金融从业经历的人员,完成培训任务后分配到东北各县,参与县银行筹建和日后的银行运行、管理等工作。②其他各省如安徽、河南等也有类似举措。

1947年,四川省三台县自行组织会计训练班,所录用的新学员和银行职员都参加培训,聘请东北大学经济系、中央银行等理论、实务界专家授课,训练班开设会计学、公库制度、银行实务等课程。③

二是直接接收商科、银行、经济等专业应届毕业生。浙江省财政厅、教育厅等主管政府部门指出,为解决银行人才需求及毕业生就业,下文给杭县农工银行等官股银行及政府财政机关,要求从省立甲种商业学校中选择"成绩优美之各次本科毕业生分往银行及财政机关任用",从乙种商业学校、商业补习学校中选拔部分成绩前列的毕业生"送往各官股银行派充职务,以资鼓励"。④陕西省一些县银行录用陕西省立商专银行专业毕业生、西北农学院农业经济专业毕业生,其中75%左右为本省省籍。⑤

三是在政府的协调下,得到省银行的人才支持。如湖北省在筹设县银行过程中,一方面由湖北省银行代为开设培训班,另一方面,从湖北省银行抽调财会等业务人员到县银行兼职工作,对县银

---

① 李崇年:《陕省县银行之成长与发展》,《陕政》1944年第5卷第11—12期。
② 滕茂桐:《光复后东北的银行》,《金融周报》1948年第18卷第2期。
③ 《会员行调查之一——三台县银行》,《地方金融》1947年创刊号,第27页。
④ 《训令:浙江地方实业银行、杭县农工银行酌量任用商校毕业生文》,《浙江财政月刊》1919年第26期。
⑤ 李崇年:《陕省县银行之成长与发展》,《陕政》1944年第5卷第11—12期。

行的筹设起到了积极作用。①

第三节 县银行的激励约束机制

根据新制度经济学理论，有效率的经济组织需要在制度上做出安排，形成对经济活动的激励约束。有效的激励约束机制是银行治理结构的重要组成部分。在面对银行所有权和经营权分离的情况下，通过激励约束机制，一方面激励经营管理者为股东利益最大化目标努力，另一方面监督约束经营管理者的行为，防止出现内部人控制，损害股东利益，主要包括经营管理人员的选用机制、权力范围、收入等。根据县银行的官商背景，可以将县银行的激励约束机制划分为行政性激励约束机制、市场性激励约束机制两大类。

一 县银行的行政性激励约束机制及其变迁

行政性激励约束机制是指通过法律法规、内部规章制度、政府公文、官员指令等行政化手段实现预期激励约束目标的方式方法的统称。结合银行实际，主要包括经营管理人员的选用机制、法律法规的有关规定、经营管理人员职位的升降等。

（一）政策性的官股高管选拔机制

银行高层管理人员的选拔机制是激励约束机制形成的基础条件之一。官股股东根据自身利益，按照行政化方式选拔任用县银行的官股经营管理层，直接影响银行治理的效果。

1915—1940年，各类各县银行的高层管理人员选拔方式并不完全一致。归纳起来，银行官股高管主要有以下两种选拔方式：

一是由财政部直接委任。这种方式并不多见，持续时间较短，主要出现在县农工银行初期。早期的县农工银行是由设立在财政部

---

① 湖北省地方志编纂委员会：《湖北省志·金融志》，湖北人民出版社1993年版，第84页。

第三章 近代中国县银行治理结构及其变迁

的全国农工银行筹备处负责组织筹建,因此第一批成立的通县、昌平、大宛农工银行的银行主要负责人都是由该处直接任命。《京兆通县农工银行试办章程》规定,银行设行长、理事各一人,行长由全国农工银行总管理处指派,并受其指挥。1918年,大宛农工银行成立时全部为官股,属于绝对的官办银行。银行经理、副经理由全国农工银行筹备处委任。[①]

二是由地方政府任命或聘任。一种是县银行提出人选,县政府任命。1931年,嘉兴县地方农民银行"设经理、副经理各一人,由监理委员会选出,请由县政府委任,并呈报省政府备案"。[②] 1933年,嘉善县农民银行也是类似情况。[③] 另一种是县政府确定人选,直接任命。1933年,青岛市政府指派人员担任青岛农工银行官股董事和官股监察人。[④] 1936年成立的北平市银行的所有理事、监事均由北平市政府聘任。[⑤] 根据1938年的《广西各县农民银行章程》,县农民银行股东中的广西农民银行为无限责任股东,县地方公团和私人为有限责任股东,银行董事"由无限责任股东广西农民银行聘任或委派之",银行经理从董事中选出。广西农民银行主要由广西省政府出资,故广西各县农民银行董事仍间接受政府指派。[⑥]

1940年之后,基本延续了20世纪30年代县银行官股经营管理层的选拔方式。《县银行法》对各地县银行的官股董事、监察人数量、确定办法做出了统一规定。该法规定官股董事、监察人数量按照出资比例确定,"县银行公股董事、监察人,由县政府派充","公股董事、监察人得连派连任",上报省政府以及财政部备案。[⑦]

[①] 姜宏业:《中国地方银行史》,湖南出版社1991年版,第337—338页。
[②] 《嘉兴县地方农民银行章程》,《浙江省建设月刊》1931年第4卷第67期。
[③] 《嘉善县地方农民银行章程》,《嘉善建设》1933年第1卷第3期。
[④] 姜宏业:《中国地方银行史》,湖南出版社1991年版,第418页。
[⑤] 《北平市银行章程》(1936年2月29日),《北平市市政公报》第342期,第8页。
[⑥] 《广西各县农民银行章程》,《中央银行月报》1938年第7卷第7期。
[⑦] 中国人民银行江苏省分行、江苏省金融志编委会:《中华民国金融法规档案资料选编》,档案出版社1989年版,第640页。

四川省长寿县银行规定，"本银行董事官股部分三人，由县政府遴选县境内有住所者之士绅充任"。① 江苏省无锡县银行、湖北省黄冈县银行对公股董事、监察人选派的表述完全与《县银行法》一致。②

一些县政府任命的县银行官股董事，不仅担任董事长，还担任银行经理。比如江苏省江都县银行、湖南省宁乡县银行、四川省南部县银行等。甚至有县政府指派的官股董事干预县银行商股董事选举。1945年9月，四川省万县县银行商股股东召开会议选举商股董事，官股董事要求参加会议并参与投票，遭到商股股东的反对。商股股东认为，"公股代表不遵守法令和主官解释，一再坚请参加表决，意图推翻商股选举，把持县银行业务。公股董监既由县府指派，商股依法当不过问。而商股选举董监，则公股亦当依法不能参加表决。此种请求既侵商股权益，又违国家法令"。③

（二）官本位的官股高管用人机制

县银行官股高管选拔机制的行政化，会影响官股高管人员的选择。在县银行的整个发展历程中，官股高管人选的主要来源并不是具有经济金融经历人员，而是与政府直接或间接相关的各类官员，反映了县银行用人的官本位。

1915—1940年，县银行官股高管一般从政府在任官员中选择。具体分为两类情况：一类是县政府任命不特定职务的政府官员担任县银行高层管理职务。1915年，财政部选择实业部参事卓定谋为通县农工银行银行经理。④ 各县农民银行高层管理人员通常由银行监理委员会提出人选，县政府任命。1931年，嘉兴县地方农民银行

---

① 《长寿县银行股份有限公司章程》，四川省档案馆馆藏四川省财政厅档案，档号：民059-02-2156。

② 《无锡县银行股份有限公司章程》，无锡市金融志编纂委员会：《无锡市金融志》，复旦大学出版社1996年版，第72页。《黄冈县银行章程》，黄冈县金融志编纂办公室：《黄冈县金融志（1882—1985）》，1987年编印，第216页。

③ 《万县县银行商股代表为县银行商股选举董监事，公股应否参加表决请示》（1945年9月11日），四川省档案馆馆藏四川省财政厅档案，档号：民059-03-4845。

④ 姜宏业：《中国地方银行史》，湖南出版社1991年版，第337—338页。

第三章
近代中国县银行治理结构及其变迁

"设经理、副经理各一人，由监理委员会选出，请由县政府委任，并呈报省政府备案"。① 嘉善县农民银行的监理委员会由固定委员和聘任委员两部分人员构成，其中固定委员包括县党部代表、县政府代表、县建设委员会代表各1人，聘任委员包括各区乡镇长各推选1人。② 1933年，青岛市政府指派市社会局局长储镇为青岛农工银行官股董事，市财政局局长郭秉和为青岛农工银行官股监察人。③ 另一类是特定职务的政府官员兼任县银行高层管理职务。1933年，《广东省县银行章程》统一规定各县银行设董事五人，其中"县长代表官股，为当然董事主席"。④ 1936年成立的北平市银行，官股董事由市政府委派，历任董事长由在任北平市长兼任。⑤

1940年之后，《县银行法》和《县银行章程准则》仅对官股董事任命程序做出要求，但具体人选的资格、条件等要求并未做出统一规定。统计中发现，县银行董事长一般由官股股东所提名的董事担任。表3-4是部分县银行董事长的情况：

表3-4　　　部分县银行官股高层管理人员情况统计

县市银行	所在省市	姓名	职务	任职经历
镇江县银行	江苏省	冷絮秋	董事长	江苏省参议会议长
武进县银行	江苏省	王超一	董事长	武进县党部执行委员、武进县县长
杭县县银行	浙江省	郑明溦	董事长	浙江省参议员、浙江省银行监察
余姚县银行	浙江省	谢显曾	董事长	浙东行署秘书、浙江省参议员
新淦县银行	江西省	刘永元	董事长	新淦县商会主席、县参议会议长
萍乡县银行	江西省	吴作民	董事长	江西省保安司令部副司令
莆田县银行	福建省	林剑华	董事长	海疆学院秘书长
将乐县银行	福建省	邱乐丞	董事长	南安县县长、顺昌县县长

---

① 《嘉兴县地方农民银行章程》，《浙江省建设月刊》1931年第4卷第67期。
② 《嘉善县农民银行监理委员会章程》，《嘉善建设》1933年第1卷第3期。
③ 姜宏业：《中国地方银行史》，湖南出版社1991年版，第418页。
④ 《广东省县银行章程》，《广州市政府市政公报》1933年第435期。
⑤ 姜宏业：《中国地方银行史》，湖南出版社1991年版，第346页。

续表

县市银行	所在省市	姓名	职务	任职经历
宁乡县银行	湖南省	谢昭诚	董事长	宁乡县参议会议长、党部书记长
广济县银行	湖北省	周朗秋	董事长	竹山县县长、广济县县长
潼关县银行	陕西省	李笑然	董事长	潼关县县长
饶平县银行	广东省	林章南	董事长	饶平县参议会议长
巴县银行	四川省	朱叔凝	董事长	国民参政员
内江县银行	四川省	曾佐廷	董事长	内江县商会主席、内江县经收处主任
宣威县银行	云南省	徐鼎铭	董事长	宣威县参议会议长
武山县银行	甘肃省	张国汉	董事长	武山县政府秘书科科长
松桃县银行	贵州省	田郁周	董事长	松桃县教育科长

资料来源：王沿津：《中国县银行年鉴》，文海出版社1948年版，第51、52、59、61、81、83、84、93、97、111、114、123、128、142、169、189、190页。

表3-4统计可以进一步发现，地方政府派出的县银行董事长主要有两类：第一类是县政府在任官员，如县长、县参议会议长、县政府部门负责人等，他们以兼职的方式担任县银行职务；第二类是有军队、国民党等任职经历的离任官员，如萍乡县银行董事长吴作民，曾任江西省保安司令部副司令。宁乡县银行董事长谢昭诚，曾任湖南省宁乡县党部书记长。

县银行作为地方专业金融机构，高层管理人员理应具有相关的专业背景或从业经历，但是县银行董事长大部分是党政军系统的人员，有明显的官本位特征。除董事长以外，县银行官股的其他高层管理人员也是类似情况。以南川县银行为例。

表3-5中所列的1945年4月四川省南川县银行的官股高管任职情况也表明，这些绝大部分官股董事、监察人等高管均为政府在任官员，与其个人的专业学习背景和任职经历无直接关联。

（三）行政性的管理激励约束机制

行政激励约束机制在管理方面，比较突出的是银行人员管理和收入分配机制。

第三章 近代中国县银行治理结构及其变迁

表 3-5　四川省南川县银行官股高层管理人员情况统计

银行职务	姓名	学历	主要任职经历
董事长	童季龄	美国芝加哥大学毕业	财政部贸易委员会副主任委员
代董事长	罗叔玉	四川法政专门学校毕业	四川省议会议员，川汉铁路公司董事，铁道银行董事
官股常务董事	李暄荣	北京法政专门学校毕业	南川县教育局局长，富顺县县长
官股董事	罗芷芳	日本宏文师范学校毕业	南川县临时参议会议长
官股董事	张德敷	东南大学毕业	武胜县县长，新津县县长，临水县县长，财政部川康区食糖专卖局主任秘书
官股董事	杨梦微	—	南川县商会公断处处长
官股董事	王思睿	川东师范学校毕业	南川县经收处主任
官股董事	周榕邨	—	南川县临时参议会副议长
常驻监察人	周怀澄	四川铁道学校毕业	南川县临时参议会议员
官股监察人	张澍霖	北京师范大学毕业	民生公司上海分公司经理，四川省参议员
官股监察人	刘足三	—	南川县石墙镇镇长，北区区长

资料来源：四川省档案馆馆藏四川省财政厅档案，档号：民059-04-6244。

一是银行经营管理人员职务变动的行政化。经营管理者的职务升降是激励约束机制中较为常见的行政激励约束方式。作为商业银行，一些县银行人员的职务变动方式与政府并无二致。1948年5月，由于政府领导更换，新任贵阳市长张致祥任贵阳市银行董事长。同年7月，新任贵州省主席谷正伦任命贵阳市银行经理赖永初，为贵州省银行总经理，由贵州省银行信托部经理谢叔夔接任贵阳市银行经理。政府主导的贵阳市银行董事会换届，不仅导致官股董事大量更换，而且原任经理赖永初将不少贵阳市银行部门负责人及工作人员带往贵州省银行，新任经理谢叔夔也将贵州省银行的旧部招致麾下。[①]

[①] 政协贵阳市文史资料委员会：《贵阳文史资料选辑》（第14辑），1984年版，第137页。

二是收入分配机制的行政化。县银行董事长、经理等核心经营管理人员一般由政府任命,并享受相应的政治、经济待遇。根据前面的考察,不少县银行管理人员是政府在任官员,他们在县银行兼职不但能够获得薪酬,而且高于其他高层管理人员。1946年,北平市长作为市银行董事长获得酬劳金64942.67元,其他高管最高为38976元,北平市长在13名银行高管收入中高居榜首,且远高于其他高管。① 不仅是在任官员,甚至一些没有政府职务的县银行员工报酬也是按照政府工作人员的标准设定。1946年6月,四川省青神县银行经理邵飞翱在呈报青神县长王宗耀的报告中,陈述县银行职员的待遇情况,"罗前县长商同前参议会正、副议长兼董事陈希古、张星垣及前经收处主任兼董事刘寿镕并各董事等决议,以县银行职员待遇照县级公务员待遇开支",相关费用列入年度县预算。②

二 县银行的市场性激励约束机制及其变迁

经济激励约束机制是指通过市场化的机制,实现预期激励约束目标的方式方法的统称。结合县银行实际,主要包括市场化的商股高管选拔机制、用人机制和高管权力激励约束机制。

(一)市场化的商股高管选拔机制

县银行内部组织结构采用公司制,商股股东根据自身利益最大化的方式,推选商股董事等高管,进入县银行的经营管理层。但不同时期的具体情况有所不同:

1915—1940年,由于缺乏统一的法律制度规范,县银行商股股东参与县银行经营管理的情况差异较大。

一部分县银行由于商股资金募集困难,商股股东入股较晚,以及规章制度的约束,导致县银行商股高管数量较少甚至没有。第一批成立的通县、昌平、大宛农工银行成立之初,没有商股资金,银

---

① 姜宏业:《中国地方银行史》,湖南出版社1991年版,第418页。
② 《县银行三十四年一月份起至十二月份按月向经收处购发食米一案可否在购粮内拨支》(1946年6月19日),四川省档案馆藏四川省财政厅未刊档案,档号:民059-02-3905。

行的董事、高层管理人员中都没有商股代表。在商股资金入股之后，也没有获准参与银行的经营管理。各县农民银行存在类似情况。浙江省嘉兴县、嘉善县农民银行等，通常设置由地方政府官员组成的监理委员会，由该监理委员会选出银行高层管理人员。① 按照1938年《广西各县农民银行章程》的规定，广西各县农民银行的董事、经理等高管全部由广西农民银行聘任或委派，商股股东没有选派银行高管的权力。② 在经济较发达的区域，一些商股股东获得参与银行经营管理的权力。1933年，青岛农工银行有包括董事、监察人、经理的商股高管。③

1940年，《县银行法》对各地县银行的商股董事、监察人的数量、确定办法做出了统一规定。该法规定商股董事、监察人数量按照出资比例确定，县银行"商股董事、监察人，由股东会依法选任"，"商股董事、监察人得连选连任"，董事、监事名单由地方政府上报财政部备案。④ 四川省长寿县银行规定，银行董事"商股部分六人，由股东大会就股东中推选有五十股以上之股东充任之"。⑤ 江苏省无锡县银行、湖北省黄冈县银行对商股董事、监察人选派的表述完全与《县银行法》相同。⑥

（二）市场化的商股高管用人机制

在县银行的整个发展历程中，商股股东从维护自身利益的角度出发，优先推选那些具有经济金融管理经历或较高学历的股东，担任县银行商股高管。这反映了县银行用人机制的市场化倾向。

---

① 《嘉兴县地方农民银行章程》，《浙江省建设月刊》1931年第4卷第67期。
② 《广西各县农民银行章程》，《中央银行月报》1938年第7卷第7期。
③ 姜宏业：《中国地方银行史》，湖南出版社1991年版，第349页。
④ 中国人民银行江苏省分行、江苏省金融志编委会：《中华民国金融法规档案资料选编》，档案出版社1989年版，第640页。
⑤ 《长寿县银行股份有限公司章程》，四川省档案馆馆藏四川省财政厅档案，档号：民059-02-2156。
⑥ 《无锡县银行股份有限公司章程》，无锡市金融志编纂委员会：《无锡市金融志》，第72页。《黄冈县银行章程》，黄冈县金融志编纂办公室：《黄冈县金融志（1882—1985）》，第216页。

◇ 中国县银行结构及绩效研究(1915—1949)

  1915—1940 年,大部分县银行没有商股高管,少数有商股高管的县银行通常选择金融机构或企业负责人。1933 年,《广东省县银行章程》规定县银行设行长一人、副行长一人。"行长由董事会票举民股股东中,股实而具有经验且具有学识者充任;副行长由董事会之议决,聘请富有银行学识及经验者充任。"[①] 青岛农工银行设商股董事 6 人,商股监察 1 人,"由商股股东于股东总会开会时,就商股股东中投票选举之,但董事及监察人有 5 股以上始能当选"。"在银行董事会成立时,应就商股董事 6 人中,选举董事长、总经理、协理各 1 人。"[②] 1933 年成立时,青岛农工银行商股董事、监察人等高管的有关情况如表 3-6 所示:

表 3-6 青岛农工银行商股高层管理人员情况统计

银行职务	姓名	其他职务
董事长	宋雨亭	青岛市商会会长
总经理	王仰先	青岛中国银行经理、银行公会主席
商股董事	苏劢臣	青岛商会委员、大陆银行总行董事
商股董事	王仰先	青岛中国银行经理、银行公会主席
商股董事	张玉田	青岛中鲁银行总经理
商股董事	周志俊	青岛华新纱厂董事长
商股董事	宋雨亭	青岛市商会会长
商股董事	姚仲拔	青岛交通银行经理
商股监察人	傅炳昭	青岛山左银行总经理
协理	张玉田	青岛中鲁银行总经理

资料来源:姜宏业:《中国地方银行史》,湖南出版社 1991 年版,第 418 页。

  从表 3-6 可见,青岛农工银行的商股高管以青岛各银行、企业负责人为主,有相应的银行业和制造业背景。这些商股董事能够利

---

  ① 《广东省县银行章程》,《广州市政府市政公报》1933 年第 435 期。
  ② 《青岛市农工银行章程》,姜宏业:《中国地方银行史》,湖南出版社 1991 年版,第 423 页。

用自己的银行和企业经营管理经验为青岛农工银行的发展提供帮助和支持，有利于商股股东保护自身利益。

1940年，《县银行章程准则》规定"商股董事由股东会就股东中选举之"。换言之，商股董事必须在商股股东中选举产生，其他要求由各县银行自行决定。统计中发现，大部分县银行经理由商股股东提名的商股董事担任。表3-7为部分县市银行经理的情况：

表3-7　　　部分县市银行商股高层管理人员情况统计

县市银行	所在省市	姓名	职务	任职（专业）经历
镇江县银行	江苏省	仲静瑜	经理	中央大学经济系毕业
武进县银行	江苏省	金国屏	经理	大夏银行总经理
杭县县银行	浙江省	劳鉴劭	经理	上海实业银行杭州分行经理
余姚县银行	浙江省	朱伯宁	经理	余姚县垦业银行副理、县商会常务理事
新淦县银行	江西省	陈国珍	经理	清江县合作金库主任
萍乡县银行	江西省	黄世睿	经理	北京财政专门学校毕业
莆田县银行	福建省	陈祖启	经理	暨南大学商学士、福建省银行专员稽核
将乐县银行	福建省	邱式奉	经理	将乐县商会常务理事
宁乡县银行	湖南省	成苍霖	经理	湖南省财政厅科长、宁乡县税务局局长
广济县银行	湖北省	杨天衢	经理	湖北省银行长阳、渔阳办事处主任
潼关县银行	陕西省	戴醒民	经理	华县县银行经理
饶平县银行	广东省	林琮璜	经理	广东大学法科学院专门部毕业
巴县县银行	四川省	吕鹭宝	经理	任聚兴诚银行重要职务19年
内江县银行	四川省	王之常	经理	聚诚钱庄经理
宣威县银行	云南省	何奎偕	经理	宣威县商会常务理事
武山县银行	甘肃省	康和轩	经理	天水县华西制革厂总经理
上海市银行	上海市	徐桴	总经理	中国农民银行常务董事、中国通商银行常务董事
太原市银行	山西省	程汉增	经理	太原中国银行业务副主任
贵阳市银行	贵州省	赖永初	经理	怡兴昌钱号经理、恒兴酒厂经理

资料来源：王沿津：《中国县银行年鉴》，文海出版社1948年版，第51、52、59、61、81、83、84、93、97、111、114、118、123、128、142、189、190页。

表 3-7 可见，由于《县银行法》《县银行章程准则》等法律法规保障商股股东的合法权益，1940 年以后县银行商股董事人选延续市场化趋势，往往从商股股东中有一定金融业、商业经营经验的，或具有相关专业学习背景的专业人士中选择。归纳起来可以分为以下三类：

第一类是有较丰富金融业从业经历的金融专业人士，这类高管受到商股股东的推崇。如杭县县银行经理劳鉴劬，曾任上海实业银行杭州分行经理；巴县县银行经理吕鹭宝，曾任聚兴诚银行重要职务 19 年；上海市银行经理徐桴，曾任中国农民银行常务董事、中国通商银行常务董事。

第二类是具有长期从事企业管理的商界人士，他们有较丰富的管理经验。如贵阳市银行经理赖永初，担任银行经理之时正在经营怡兴昌钱号和贵州茅台酒厂前身之一的茅台镇恒兴酒厂；武山县银行经理康和轩，兼任天水县华西制革厂总经理。

第三类是有商科专业或高等教育学习背景，甚至有留学经历的高学历人群。如镇江县银行经理仲静瑜，毕业于中央大学经济系；萍乡县银行经理黄世睿，毕业于北京财政专门学校；莆田县银行经理陈祖启，毕业于暨南大学商科专业。

综上所述，县银行作为地方专业金融机构，县银行商股股东推选的商股高管，利用他们各自的金融业管理经验、专业学习经历，在县银行商业化经营中发挥了积极作用。市场化方式推选的商股高管，也是银行市场化激励约束机制的重要特征。

(三) 市场化的权力激励约束机制

公司制是现代企业主要的组织形式，是一种以法人财产制度为核心，以法人治理结构为基础的企业制度。县银行实行的公司制，与其他企业一样存在所有权与经营权分离的特点。因此，需要相应的激励约束机制来确定经营管理者的权力边界，确保银行在法律许可范围内股东利益的最大化。

1915—1940 年，县银行激励机制方面，主要是根据《农工银行条例》《公司法》等规定，授予相应的权力，以激励经营管理层。约束机制包括外部约束和内部约束两个方面。外部约束机制包括财政部和地方政府的监督，其中地方政府包括省、县政府及其委托的政府部门。内部约束机制，建立农工银行监理委员会，该委员会可以列席银行股东会议和日常工作会议，查阅银行的营业状况、财务账表等文件资料。银行董事、经理、副经理等高管，有违规放款、扩大业务范围、发行债票、偿还债票本息、动用公积金等情况的，处以一百元以上、一千元以下罚金。①

《京兆通县农工银行试办章程》规定，银行设行长、理事各一人，行长职责包括"总理本银行事务；依农工银行条例及其他法律命令，执行本银行各项事务；应就本地情形，规定放款章程及办事细则；对于本行一切文书、证据署名盖印；进退黜陟本银行之行员"，理事秉承行长之命令处理行内事务。②通县农工银行约束机制较少，没有建立内部监察制度，主要依靠全国农工银行总管理处的外部监督。

按照《广东省县银行章程》规定，县银行"行长代表银行，照章综理行务，监督指挥所属职员；副行长协理行务，行长有事故时，副行长得代理其职务"。设监察一人，由财政厅提出人选，省政府委任。监察员有权监察银行业务、职员，列席董事会等。当行务不当或职员失职时，监察员可以上报银行董事会或省财政厅。为了防止高层管理人员损害银行利益，还设置了经济约束机制，要求"行长须照该行资本额之百分之六之现金，为担保金；副行长须有该行资本之百分之六相等之商店，盖章担保"。③

嘉兴县地方农民银行"经理综理本行一切事务，并监督指挥各办事处或代理店；副经理协助经理办理本银行事务"。各部门负责

---

① 中国人民银行江苏省分行、江苏省金融志编委会：《中华民国金融法规档案资料选编》，档案出版社1989年版，第640页。
② 中国第二历史档案馆：《中华民国史档案资料汇编》第三辑金融（一），第412页。
③ 《广东省县银行章程》，《广州市政府市政公报》1933年第435期。

人，由经理呈请县政府委任。办事员等基层员工，由银行经理任免，报县政府备案。约束机制方面，设立银行监理委员会，"银行经理、副经理如有渎职情事，监理委员会得随时请由县政府停止其职务，并处分之"。①

1940年以后，根据《县银行章程准则》，各县银行高管被授予的权力激励机制相同。县银行的高层管理人员中，官股、商股董事人选由股东会确定，再由董事会选出常务董事、董事长。董事长对外代表银行，且为董事会主席和股东会主席。银行经理、副经理由董事会选任，经理负责银行日常管理运营等事务，副经理协助经理。县银行中层管理人员均由经理提名董事会同意任用，基层工作人员由经理任免。

内部约束机制方面，县银行官商股东选出监察人，在监察人中选出一人为常驻监察人，驻行办理监察工作，不得兼任县银行其他职务。监察人的权限包括：监察银行业务及人员是否照章办事；检查年终决算及各项表册；检查库存和账目；向董事会陈述监察意见等。

外部约束机制方面，主要是财政部和各省财政厅对县银行实施外部监管。1940—1945年，县银行由财政部直接监管。县银行设立、增减分支机构等必须经过财政部批准。县银行董事、董事长、监察人、经理等高管名单需在财政部备案。1945年4月，财政部颁布《授权各省财政厅监理县银行业务办法》，将监管县银行的权限下放至各省财政厅，并明确监督内容：审核各县银行业务计划、决算、放款、日计表、存放汇等报表，督促提缴存款保证金，纠举县银行违法事件。②

虽然建立了县银行高管的权力激励约束机制，但是两权分离导致信息不对称，在缺乏有效监督的情况下，仍可能出现内部人控制

---

① 《嘉兴县地方农民银行章程》，《浙江省建设月刊》1931年第4卷第67期。
② 中国人民银行江苏省分行、江苏省金融志编委会：《中华民国金融法规档案资料选编》，档案出版社1989年版，第690页。

等道德风险。尤其在县银行发展的后期,随着县银行数量的快速增加,县银行违反相关法律法规、损害股东利益的现象时有发生。

四川省涪陵县银行未经批准擅自设立分支机构——涪陵县银行重庆办事处。1946 年,涪陵县银行在重庆的收支事宜,没有委托四川省政府批准的大夏银行,而是擅自成立重庆办事处,改与永生钱庄合作,并任命张雨涵为办事处主任会计、夏德超为会计。最终,涪陵县政府报请四川省政府同意,要求涪陵县银行重庆办事处停止营业,并处以罚金一万元。[①]

江苏省武进县银行挪用政府存款,出现挤兑。1948 年 3 月,江苏省武进县政府将出售稻谷所得资金存入县银行。在该资金发放给公教人员时,县银行因缺乏资金以银行本票抵用,最终无法兑现而遭到挤兑。江苏省财政厅派人调查后发现,武进"县政府存储的库款 60 多亿元,已被挪用作贴现放款。经财政厅报财政部批准,撤换武进县银行经理金国屏"。[②]

综上所述,县银行高管权力激励约束机制,主要表现为县银行的高管被相关法律法规等授予的权限激励约束。特别是在公司制框架下,县银行董事、监察人、银行经理等被赋予不同的角色定位,相互配合又彼此制约。在实际运行过程中,不同时期的不同县银行实施的效果有所不同。从县银行前后两个时期的情况看,一方面,县银行的权力激励约束机制经历了从不完善到相对完善的过程,早期的县银行董事会、监事会等治理机制不完善,20 世纪 40 年代县银行市场化的权力激励约束机制才逐渐形成;另一方面,县银行的权力激励约束机制发展并不平衡,激励机制比较单一,约束机制要多于激励机制,一定程度上限制了银行治理水平的提升。

[①] 四川省档案馆馆藏四川省财政厅档案,档号:民 059-04-6197。
[②] 江苏省地方志编纂委员会:《江苏省志·金融志》,江苏人民出版社 2001 年版,第 115 页。

本章小结

在第二章介绍县银行起源与发展的基础上，本章主要围绕股权结构、组织结构和激励约束机制三个方面分析近代中国县银行的治理结构。主要内容如下：

第一，县银行官商合资的股权结构。县银行资本主要来自股权融资，包括官股和商股两个部分。官股由县银行所在地方政府公款出资，商股主要由所在县工商等各界人士出资。关于县银行股本构成，在农工银行时期，县银行的官商股份比例没有统一的要求，各地区各类县银行都有所不同。《县银行法》颁布以后，各地县银行都遵守官股比例不得超过一半的要求，归纳起来，江浙等经济发达地区商股比例要高于中西部地区。

第二，县银行官办商营的组织结构。银行组织结构是银行治理的核心内容。主要从内外部两个方面研究县银行的组织结构。与其他大型商业银行和地方性银行不同的是，县银行的外部组织结构并未采用总分行模式，而是政府确定县银行使用单一制银行，即不设立分支机构与不允许跨区域经营的银行体制。县银行内部组织结构具有现代股份公司制的特点。

第三，县银行官商博弈的激励约束机制。可分为行政性激励约束机制、市场性激励约束机制两大类。行政性激励约束机制主要有：行政性官股高管选拔机制；与政府直接或间接相关人员为主的官本位官股高管用人机制；银行经营管理人员职务变动和收入分配的行政性管理激励约束机制。市场性激励约束机制主要有：根据市场化的方式选拔商股高管的机制；在所有权与经营权分离的公司制下，县银行高管的市场化权力激励约束机制。

第四章

近代中国县银行业务结构及其变迁

根据《新帕尔格雷夫货币金融大辞典》对银行的定位,"银行被认为是金融市场中的主要力量","它们对经济的贡献被解释为充当储蓄者和投资者之间的金融中介,它们以活期和储蓄存款形式从居民手中吸收存款,并将它们转化为真实的投资资本"。[①] 县银行金融中介的作用,主要通过银行各项具体业务来体现。县银行经营的业务范围包括:代理县以下公库,收受存款;有确实担保品为抵押的放款,保证信用放款,汇兑及押汇,票据承兑或贴现,代理收解各种款项,经理或代募公债、公司债及农业债券,仓库业,保管贵重物品或有价证券等。结合县银行的官商合资的特点,将县银行业务相应地划分为政府业务和商业业务,即政府相关的银行业务和市场化的商业性银行业务两大部分。

第一节 县银行的政策性业务

官商合资的县银行不仅由政府参与出资,与政策相关的业务是

---

① [英]约翰·伊特韦尔、[美]默里·米尔盖特、彼得·纽曼:《新帕尔格雷夫货币金融大辞典》(第一卷),经济科学出版社2000年版,第136页。

县银行主要业务之一。常见与政策性相关的业务有：存款业务、放款业务、经理或代募公债、代理发行辅币等，其中对县银行影响最大、规模最大的业务是地方政府存款业务。

一 政策性存款业务

政策性存款对县银行存款业务产生直接影响。政策性存款主要包括县公库存款和政府机构存款两大部分：公库存款是县银行代理公库所结余的资金存款，政府机构存款是地方政府机构存入县银行的公款资金。

1915年《农工银行条例》第十九条规定"农工银行得受中央金库委任，办理租税、钱粮及其他各种款项收发之事"，此时并没有建立县级公库，也没有明确农工银行代理县金库之专责，大部分农工银行如通县、昌平、大宛等农工银行，以及浙江省、广西省等省的县农民银行都没有县库的相关业务，仅有少数农工银行获得地方政府代理金库或财政收支业务的权限。

通县农工银行自1915年成立的10年时间内都没有政策性存款。1925年开始代理通县政府的旗地整理资金，专门列为资产负债表的"特种定期存款"科目。1925年、1926年，特种定期存款分别为507.32元、3624.26元，占1925年、1926年定期存款总额的5.58%、29.89%。[1] 1933年7月，《广东省县银行章程》规定县银行"代理县库现金出纳，及收解各项公款"。[2] 其他得以代理金库的还有南昌市立银行等。《龙游地方银行股份有限公司章程》规定"代理县政府及各公共机关收付款项及其他财政范围以内之委托事件"。[3]

1934年，国民政府通过《省县收支划分标准原则》《财政收支系统法》《县各级组织纲要》等一系列政策，将财政体制从过去的

---

[1] 卓宣谋：《京兆通县农工银行十年史》，大慈商店1927年版，第145页。
[2] 《广东省县银行章程》，《广州市政府市政公报》1933年第435期。
[3] 中国银行总管理处：《中国银行年鉴》1935年版，第E179页。

第四章
近代中国县银行业务结构及其变迁

中央、地方两级财政改为中央、省、县市三级财政。① 在此基础上，1939年实施的《公库法》规定"公库现金、票据、证券之出纳、保管、转移及财产之契约等保管办法，应指定银行代理"。1940年县银行代理公库写入《县银行法》，其第十二条专门规定"县银行得代理县以下之公库"。

在设有县银行的地区，地方政府依据《县银行法》与各县银行签订代理县公库业务的协议。如1941年，湖南省统一制定了县银行代理县公库的代理协议样本，规定"县地方总预算范围内之收入及预算外之收入，除法令另有规定外均由甲方（县政府）委托乙方（县银行）办理经管"，"乙方（县银行）对于所取之现金及到期票据证券，应用存款方式保管"。②

据统计，西南地区县银行的存款中，政府存款占存款总额的比例超过80%。③ 以县银行数量最多的四川省为例，了解20世纪40年代以后县银行的政府存款情况。1942年年末，四川省温江县银行存款总额为1012.95万元，其中政府机关存款为667.5万元，公库存款为42.88万元，两者合计共占存款总额的70.13%。④ 1943年年末，荣县县银行存款总额为104.38万元，其中政府机关存款为14.43万元，公库存款为69.78万元，两者合计共占存款总额的80.68%。⑤ 1944年6月，南川县银行存款总额为214.62万元，公库存款为29.03万元，占存款总额的13.53%。⑥ 1946年年末，南部县银行存款总额为195.1万元，其中公库存款为134.01万元，占存款总额的68.69%。⑦ 1947年6月，蓬安县银行存款总额为

---

① 彭雨新：《县地方财政》，商务印书馆1948年版，第10页。
② 《湖南省政府公报》，1941年第1062号，第49页。
③ 西南地区政协文史资料协作会议：《抗战时期西南的金融》，西南师范大学出版社1994年版，第322页。
④ 四川省档案馆馆藏四川省财政厅档案，档号：民059-02-2584。
⑤ 四川省档案馆馆藏四川省财政厅档案，档号：民059-02-3131。
⑥ 四川省档案馆馆藏四川省财政厅档案，档号：民059-04-6244。
⑦ 四川省档案馆馆藏四川省财政厅档案，档号：民059-04-8001。

1591.53万元，其中公库存款为1095.45万元，占存款总额的68.83%。① 1948年6月，西充县银行存款总额为4.24亿元，其中公库存款为3.93亿元，占存款总额的92.69%。②

　　1940年《县银行法》授予县银行代理县市以下公库职责，以配合国民政府新县制的实施。县银行与县政府订立契约"县地方总预算范围内的一切收入及预算外收入，均由县行代理，银行对于所收之现金及到期票据证券应用存款方式存管。存管方式分为收入总存款、各普通经费存款、各特种基金存款三类，并规定了各类存款的计息方式和支出方式等"。③《县银行法》所规定的代理公库及政府收入的特权，形成了事实上的法律壁垒，使得其他金融机构无法获得来自政府的公库资金及其所带来的收益，为县银行提供了一定的竞争优势。

　　县银行高度重视代理公库业务。在江苏县市银行联谊会第一次会议上，各县市银行就联名上报省财政厅、省政府转呈财政部，要求尽快由县银行依法代理县公库。在之后的会议上，又先后提出免除代理公库结余存款、免除存款准备金、加强和改进代理县公库业务等多项议案。④ 从各地实际看，代理公库在县银行业务中占有重要作用，特别是县库存款是县银行存款的主要来源。1949年1月，湖北省黄冈县银行有活期存款、定期存款、同业存款、县库存款共计金圆券21991.6元，其中县库存款为金圆券21967.67元，占存款总额的99.89%。⑤ 代理县库存款为县银行放款提供了资金支持。但是，不是所有的县库都有足够的现金存放在县银行。比如四川大多数县银行的代理公库中，因财政缺乏现金，收支都只能用支票结算，未能给县银行予以现金调剂。1944年6月，四川省参议会曾就

---

① 四川省档案馆馆藏四川省财政厅档案，档号：民059-04-7994。
② 四川省档案馆馆藏四川省财政厅档案，档号：民059-04-7996。
③ 四川省档案馆馆藏四川省财政厅档案，档号：民059-04-6488。
④ 王沿津：《中国县银行年鉴》，文海出版社1948年版，第17、18、24页。
⑤ 黄冈县金融志编纂办公室印：《黄冈县金融志（1882—1985）》，第39、40页。

第四章
近代中国县银行业务结构及其变迁

此事向省政府提出意见要求改进。① 再来看看，时间跨度更长的青岛农工银行和南京市民银行的公库存款情况。

《青岛市农工银行章程》规定："本银行受青岛市政府之委托，经股东总会之同意，得代办下列事宜：一、代理市金库之一部；……"根据青岛市政府与农工银行的约定，代理市公库所存入及结余的资金不用支付利息。也就是说，通过代理市公库，青岛市农工银行获得了一笔无息存款。除了代理县公库之外，政府机关的结余资金是县银行机构存款的另一重要组成部分。青岛市农工银行1946年年末存款总额为29.35亿元，其中公库存款为23.83亿元，机关存款为3.01亿元，两者占存款总额的91.45%。②

1946年11月，经青岛市财政局呈报财政部核准同意，由青岛市农工银行代理市公库业务。根据青岛市财政局与青岛市农工银行的代理合约，青岛市农工银行代理公库期限为五年。其间，凡市政府及其所属机关一切收支，均由青岛市农工银行代为统收统支。具体做法是：各机关每日收入要填报交款书送交青岛市农工银行，银行根据各种科目登账，并逐日报送财政局备核；付出时由财政局签发支付书或收入退还书，送交会计处、审计处审核，并送银行，银行根据单据将资金转入各机关账下，各机关凭公库支票予以付款。③

表4-1 1946—1948年青岛市农工银行公库存款规模

单位：万元法币；%

时间	公库存款	存款总额	公库存款占比
1946年12月29日	238342.03	293524.97	81.20
1947年6月21日	496922.88	554005.81	89.70
1948年5月31日	5649997.20	6504913.61	86.86

资料来源：姜宏业：《中国地方银行史》，湖南出版社1991年版，第427页。

---

① 田茂德：《抗战时期西南的县银行》，载于政协西南地区文史资料协作会议：《抗战时期西南的金融》，第327页。
② 姜宏业：《中国地方银行史》，湖南出版社1991年版，第422、427页。
③ 姜宏业：《中国地方银行史》，湖南出版社1991年版，第420—421页。

表4-2　　　　　　南京市民银行历年公库存款情况　　　　单位：万元；%

年份	币种	公库存款	存款总额	公库存款占比
1932	银元	3.3	34.30	9.62
1933	银元	0	52.50	0.00
1934	银元	0	89.40	0.00
1935	法币	0	143.60	0.00
1936	法币	0	161.80	0.00
1945	法币	4740.60	28339.10	16.73
1946	法币	152176.30	382618.00	39.77
1947	法币	1638201.10	3815358.80	42.94
1949	金圆券	355721.60	742604.70	47.90

资料来源：《南京市民银行历年资产负债情况统计表》，载于姜宏业《中国地方银行史》，湖南出版社1991年版，第277页。

表4-3　　　　　南京市民银行历年代理市公库收支情况　　　　单位：万元

年份	币种	公库收入	公库支出	公库结余
1932	银元	436.60	467.80	-31.20
1933	银元	452.50	370.20	82.30
1934	银元	586.30	525.70	60.60
1935	法币	656.50	687.80	-31.30
1936	法币	825.50	552.10	273.40
1945年下期	法币	6375.60	1633.00	4742.60
1946年下期	法币	1394777.10	1242600.80	152176.30
1947年下期	法币	—	—	1638201.10
1949年4月	金圆券	—	—	355721.60

资料来源：《南京市民银行历年资产负债情况统计表》，载于姜宏业《中国地方银行史》，湖南出版社1991年版，第278页。

由青岛农工银行和南京市民银行的公库存款业务（表4-1、表4-2、表4-3）可见，1937年以前南京市民银行代理公库的存款业务几乎没有开展或比重极低。抗战结束后，代理公库的存款数量和比

第四章　近代中国县银行业务结构及其变迁

重快速上升,1949年南京市民银行的公库存款占存款总额的47.90%,1948年青岛农工银行的公库存款占存款总额的比例达到86.86%。

1946—1949年的每年年末,重庆市银行的存款余额分别为19.8亿元法币、154.9亿元法币、165万元金圆券、13.9万元银圆券,存款以公库存款为主,占4年总额的90%左右。① 1947年年末,浙江省萧山县银行存款总额为3.95亿元法币,其中政府机关存款占63.12%。② 1947年年末,贵州省贵阳市银行存款总额为15.77亿元法币,其中公库存款7.87亿元法币,占存款总额的49.9%。③ 1949年1月,湖北省黄冈县银行存款总额为21990.27元金圆券,其中公库存款为21967.67元金圆券,占存款总额的99.89%。④ 1949年4月,江苏省无锡县银行的存款总额为1.68亿元金圆券,其中公库存款为0.86亿元金圆券,占存款总额的51.19%。⑤

20世纪20—30年代,在国内军阀战争、世界经济危机等多重负面因素影响下,国内有限的资金大量往大城市、大中型银行聚集,地方资金迅速减少。在个人存款不足的情况下,县银行将揽存的重点转移到政府机构。与一般商业银行相比,由于官商合资的先天优势,县银行与地方政府关系更为密切,地方政府是县银行存款的主要来源。

县银行的政策性存款准备金率及其变化。近代中国存款准备制度始于1934年国民政府《储蓄银行法》及其对储蓄存款保证准备的有关规定。此时存款保证准备金的强制提取仅局限于储蓄银行。⑥ 1940年8月7日,财政部颁布《非常时期管理银行暂行办法》,规定"银行经收存款,除储蓄银行应照储蓄银行法办理外,其普通存

---

① 姜宏业:《中国地方银行史》,湖南出版社1991年版,第207页。
② 萧山县支行金融志编写组:《民国时期的萧山县银行》,《浙江金融研究》1983年第1期。
③ 中国人民银行贵州省分行金融研究所:《贵州金融货币史论丛》,第152页。
④ 黄冈县金融志编纂办公室:《黄冈县金融志(1882—1985)》,第216页。
⑤ 无锡市金融志编纂委员会:《无锡市金融志》,第70页。
⑥ 程霖、何业嘉:《近代中国存款保证准备制度研究》,《财经研究》2015年第8期。

款，应以所收存款总额百分之二十为准备金，转存当地中、中、交、农四行任何一行，并由收存行给以适当存息"。① 这标志着在全国所有金融机构范围内实施存款保证金制度。县银行的政策性机构存款与其他商业存款一样缴纳存款准备金，存款保证金比例为20%。直到1942年，根据财政部规定，按照《公库法》所代理的公库资金，可以免缴存款准备金。

县银行政策性存款的利率情况。县银行代理的公库存款一般不计息或低于市场利率。1933年，根据青岛市政府与青岛市农工银行的约定，代理市公库所存入及结余的资金不用支付利息。② 1943年，贵州省政府在其制定的《县政府委托银行、办事处代理县库合约》的格式范本中明确"县库存款概不计息"。③ 1941年，湖南省统一制定的县银行代理县公库的代理协议样本，规定公库的结存资金"乙方（县银行）应以年息三厘给息按日计算"。④ 此时市场存款年利率普遍在六厘以上。

二 政策性放款业务

县银行可以对政府进行放款，一些地区授予公库从县银行放款或透支的权力。按照1933年《广东省县银行章程》规定，县银行"贷款于县府，应有确实之抵押品或担保，而以用于生利建设或公益事业为限。仍需经董事会之议决，其贷款额不得超过资本额百分之二十，清偿期以一年为限"。⑤ 湖南省统一制定了县银行代理县公库的代理协议样本，规定"甲方（县政府）因财政上之必要，对于乙方（县银行）临时之透支时，须先呈经财政厅核准，函由乙方总

---

① 注：引文中"中、中、交、农四行"分别指中央银行、中国银行、交通银行、中国农民银行。中国人民银行江苏省分行、江苏省金融志编委会：《中华民国金融法规档案资料选编》，档案出版社1989年版，第642页。
② 姜宏业：《中国地方银行史》，湖南出版社1991年版，第422、427页。
③ 贵州省档案馆藏贵州省财政厅档案，档号：M39-1-62。
④ 《湖南省政府公报》，1941年第1062号，第49页。
⑤ 《广东省县银行章程》，《广州市政府市政公报》1933年第435期。

第四章 近代中国县银行业务结构及其变迁

行转知乙方商洽办理。其数额以二万元为限，按年息三厘计息"。①

从政策性放款业务开展情况看，县银行对政府放款业务不是经常开展的业务，而且放款规模通常较小。1915—1927年通县农工银行的放款业务中，仅有1924年、1925年有政策性放款业务，金额分别为6800元和7665元，比重分别为8.31%和9.93%。该项放款用于地方政府的公共事业。② 1944年上半年，四川省威远县公库，透支县银行12.59万元。③

因此，县银行对政府的放款业务整体规模小，业务开展时有时无。主要是因为县银行本身业务规模较小，资金有限，仅有少数县政府因为县银行代理县公库，进行临时少量的资金拆借以周转政府资金，对县银行放款业务影响不大。

三 政策性发行业务

县银行与政策性的发行业务主要包括：发行政府债券、法定货币的辅币等。

（一）发行地方政府公债

《农工银行条例》没有明确农工银行是否可以发行政府债券。目前，暂未发现县农工银行发行地方政府公债的资料，在个别市农工银行有发行政府债券的情况。1935年1月，青岛市农工银行与中央银行青岛分行共同发行"民国24年青岛市政公债"150万元。所募集资金主要用于建造船坞、图书馆，扩充自来水道，推广乡村社会教育，设立职业学校。该公债期限3年，利率为年息7厘。还本付息资金来自自来水加价和码头收入增加的收入。1936年，又在此发行"民国25年青岛市政公债"600万元。该公债期限8年，利率为年息6厘。募集资金用途和还本付息资金来源与上期相同。④

1940年后，《县银行法》授予县银行经理或代募政府债券的权

---

① 《湖南省政府公报》，1941年第1062号，第49页。
② 卓宣谋：《京兆通县农工银行十年史》，大慈商店1927年版，第112页。
③ 四川省档案馆馆藏四川省财政厅档案，档号：民059-02-3230。
④ 姜宏业：《中国地方银行史》，湖南出版社1991年版，第420页。

力。一些经济较发达地区的县银行开展发行或募集政府债券的业务，其中适用于《县银行法》的市银行居多。

(二) 发行法定货币的辅币券

1929年1月，财政部同意地方银行发行印制辅币券。直至1940年，财政部发布《管理各省省银行或地方银行发行一元券及辅币券办法》，取消了地方银行1元以上辅币券的发行资格。1928年，经广州市政府批准，广州市立银行发行凭票。该凭票是广州市立银行发行的辅币凭证，可随时到发行银行兑现。票面上有注明"凭票即付，持票人通用银毫"字样，先后发行面额分为5元、10元、50元三种。截至1928年7月底，共发行凭票60万元。随着中央银行辅币发行数量的增加，1936年6月之后这些凭票被陆续收回。1933年10月，经青岛市政府批准，由青岛农工银行发行铜圆券等辅币。青岛农工银行发行标明铜圆券数量的10枚、30枚、50枚和100枚的铜圆券4种。到1935年6月，共发行铜圆券78681元。铜圆券的发行缓解了青岛的市场货币需求，有助于调节市场货币流通状况。[①]

第二节 县银行的市场化业务

县银行作为商业银行，市场化的商业银行业务是县银行最基本、也是开展范围最广的业务。县银行的商业银行业务与其他商业银行业务内容一致：商业性的存款业务、放款业务、汇兑、发行企业债券或商业票据等。下面，围绕县银行商业性存款、放款和汇兑业务介绍县银行的市场化业务。

一 商业性存款业务

从存款来源、存款分类、存款利率及准备金率、存款规模四个方面，介绍县银行的商业性存款业务。

[①] 姜宏业：《中国地方银行史》，湖南出版社1991年版，第365、419页。

第四章
近代中国县银行业务结构及其变迁

(一) 存款来源

1. 农工存款

县银行始于农工银行，其存款业务也发端于农工存款，农工各界也是县银行存款的来源之一。但农工银行所立足之处，大多为经济欠发达县份，农工群众普遍贫困。无奈之下，各农工银行纷纷采取多种措施揽存。如长沙农工银行以定向加息优惠的方式吸引农工、教育界人士前来存款。1933年，长沙农工银行提出"凡农工、教职员、学生等向该行储蓄甲种活期存款、乙种活期存款、整存整付、存本取息四种储蓄存款者，概照所定利率加给一厘至一厘五毫，视存款之多少及期限之长短，随时酌定。凡教育界及农工界所组织之合作社储蓄存款，亦得援照办理，以示优待"。[①] 这一措施，取得了积极效果。1941年，陕西长安县银行也推出了提高存款利率的政策。据统计，1946年、1947年，青岛农工银行没有发生农业存款，工业存款分别占存款总额的7.54%和26.00%。[②]

2. 个人存款

县银行的个人存款的单位数量较多，但总体规模不大。吴承禧曾在1934年《中国的银行》中指出："由于工商业之衰败与国库之空虚，目前工商业及政府机关对于银行的关系多是有欠无存，银行存款大部份之为私人储蓄，自为必然的事实。"[③] 就整个银行业而言是如此，但是私人储蓄中存款绝大部分流入了外资银行、中资大型银行。青岛市农工银行1946年、1947年个人存款占存款总额的比例分别为11.01%、2.00%。[④] 据部分资料估算，西南地区县银行的存款中，个人存款占存款总额的比例普遍低于20%。[⑤] 大部分县银行实际个人存款比例更低，如1942年四川省温江县银行个人存款为

[①] 《长沙农工银行提倡农工储蓄》，《中行月刊》1933年第7卷第1期。
[②] 姜宏业：《中国地方银行史》，湖南出版社1991年版，第427页。
[③] 吴承禧：《中国的银行》，商务印书馆1934年版，第28页。
[④] 姜宏业：《中国地方银行史》，湖南出版社1991年版，第427页。
[⑤] 田茂德：《抗战时期西南的县银行》，载于政协西南地区文史资料协作会议：《抗战时期西南的金融》，西南师范大学出版社1994年版，第322页。

6.4万元，仅占存款总额的0.63%。①

（二）存款分类

1915年颁布的《农工银行条例》第十八条仅规定"农工银行得经理定期存款"，并对其他类别的存款予以明确表述。此外，由于早期县银行名称不完全一致，且没有全国统一的存款会计科目分类标准，导致除了活期、定期存款以外，各县银行对存款还有多种分类。根据1934年《全国银行年鉴》各银行《贷借对照表》中记载，名为农工银行的县银行对存款划分存在不统一的情况，如通县农工银行将存款分为定期存款、往来存款和暂时存款。绍兴县农工银行将存款分为活期存款和定期存款两种。江丰农工银行将存款分为特种存款、长期存款、定期存款、活期储蓄存款、定期储蓄存款、往来存款、外埠同业存款七种。其他县银行也各有不同。太仓银行将存款分为定期存款、甲种活期存款、乙种活期存款、往来款、外埠同业存款、杂项存款。瓯海实业银行将存款分为定期存款、往来存款、随时存款、储蓄存款、暂时存款。

以海宁县农民银行和杭县农工银行为例，了解县银行存款分类及其规定。根据《海宁县农民银行存款细则》，凡存款满银圆50元及以上，期限满3个月或3个月以上者，为定期存款，定期存款分为3个月、6个月、9个月、1年及1年以上。凡存款第一次存入满百元，并陆续存款不限数目，其支取均不定期限者，为活期存款。凡存款以储蓄为目的，依据本细则规定储蓄存款各办法办理者，为储蓄存款。储蓄存款分为三种：定期储蓄存款、分期储蓄存款和礼券储蓄存款。其中定期储蓄存款又分为整存整付、存本取息两种。整存整付定期储蓄存款，要求一次存款金额在银圆50元以上2000元以下，最低存期一年。存本取息定期储蓄存款，要求一次存款金额在银圆100元以上2000元以下，最低存期两年。分期储蓄存款分为整存零付和零存整付两种。整存零付分期储蓄存款，要求一次存

---

① 四川省档案馆藏四川省财政厅未刊档案，档号：民059-2-2584。

第四章 近代中国县银行业务结构及其变迁

款金额在银圆100元以上3000元以下，最低存期三年。零存整付分期储蓄存款，要求分期存入，每期存入时间间隔在一个月以上，存款一次提清。每次存款金额在银圆1元以上50元以下，最低存期三年。礼券储蓄存款，凭借礼券可随时向银行提取现金，礼券不记名、不挂失。接收存款以现金为主，也有直接接受其他银行支票存入的情况。①《杭县农工银行活期存款规则》规定"凡活期存款于本行第一次存入时，须在五十元以上，第二次以后每次存入银数须在十元以上"。除了以现金存入之外，还可以使用其他银行支票直接存入，但要求存款人须在其他银行支票上明确说明，并签名盖章。②

县银行各种存款的数量及其结构情况。1932年年末，松江典业银行定期存款426673.56元，活期存款296646.1元，储蓄存款367114.71元，信托部存款5306元，暂时存款14561.86元。瓯海实业银行定期存款83665.05元，往来存款22124.55元，随时存款4123.28元，储蓄存款39248.76元，暂时存款2489.41元。③ 1935年6月30日，青岛农工银行的存款明细情况：定期存款101172.32元，往来存款124199.39元，特种活期存款61375.73元，同业存款114714.99元，暂时存款358.3元。④ 现将《全国银行年鉴》所记载的1932年部分县银行存款详细情况汇总如表4-4所示：

由表4-4可见，上述县银行中，活期存款规模最小的是莆仙农工银行，仅为12009.23元，规模最大的是上海市银行2172383.79元，两者相差180倍。定期存款规模最小的是通县农工银行，仅为800元，规模最大的是嵊县农工银行256629.01元，两者相差320倍。不同地区之间的经济发展程度的差异，是造成县银行存款规模差距的主要原因。活期存款、定期存款比例情况更能够反映县银行

---

① 《海宁县农民银行存款细则》，《浙江省建设月刊》1931年第5卷第3期。
② 《杭县农工银行活期存款规则》，《浙江财政月刊》1919年第21期。
③ 中国银行管理处经济研究室编：《全国银行年鉴》1934年版，第B189、B333页。
④ 姜宏业：《中国地方银行史》，湖南出版社1991年版，第425页。

的存款结构。表4-4中的9家县银行中，除了莆仙农工银行定期存款超过活期存款以外，其余8家县银行都以活期存款为主，定期存款为辅，活期存款占比均在60%以上，最高的通县农工银行甚至达到了惊人的98.46%。相比之下，定期存款比重要低得多，最高的嵊县农工银行为35.20%，通县农工银行仅为1.54%。根据上述统计，县银行存款结构中，普遍存在活期存款过多而定期存款偏少的现象，这就势必要求银行留存较大数量的超额存款准备金，以备活期存户提款之用，导致银行可用于放款资金减少，进而影响银行的收益。

表4-4　1932年部分县银行商业性活期存款、定期存款比例统计

单位：元；%

县市银行名称	活期存款数量	活期存款比例	定期存款数量	定期存款比例
莆仙农工银行	12009.23	17.01	58592.40	82.99
嵊县农工银行	472430.76	64.80	256629.01	35.20
绍兴县农工银行	153383.91	77.46	44631.88	22.54
莆田实业银行	117267.65	79.49	30254.78	20.51
余姚县农民银行	19019.02	83.37	3795.00	16.63
太仓银行	561481.28	84.26	104860.00	15.74
上海市银行	2172383.79	89.61	251938.31	10.39
龙游地方银行	107248.61	90.23	11608.92	9.77
通县农工银行	51214.64	98.46	800.00	1.54

资料来源：中国银行管理处经济研究室编：《全国银行年鉴》1934年版，第B31、B63、B250、B257、B262、B265、B306、B328、B335页。

为进一步了解县银行存款结构的发展变化情况，以通县农工银行为例，将1921—1925年该行的活期存款、定期存款比重情况汇总如表4-5所示：

第四章 近代中国县银行业务结构及其变迁

表4-5 1921—1925年通县农工银行商业性活期存款、
定期存款情况统计　　　　　　单位：元；%

年份	活期存款规模	活期存款比例	定期存款规模	定期存款比例
1921	11448.46	67.55	5500.00	32.45
1922	11453.52	65.62	6000.00	34.38
1923	23024.28	78.52	6300.00	21.48
1924	7731.16	52.48	7000.00	47.52
1925	2928.43	24.37	8580.00	71.41

注：表中的"活期存款"数据包括引用资料中原表中"暂时存款"和"往来存款"。
资料来源卓宣谋：《京兆通县农工银行十年史》，大慈商店1927年版，第145页。

由表4-5可见，通县农工银行在1921—1924年，活期存款和定期存款都是商业性存款，没有政策性存款，其中活期存款都超过一半以上。1925年有一部分政策性存款存入定期存款（表4-5未包含政策性存款）。因此，1921—1925年，通县农工银行总体上以活期存款为主，活期存款规模大于定期存款。

1940年以后，县银行由于受到统一监管，各县银行存款业务分类基本一致，即活期存款和定期存款两种。各县银行活期存款、定期存款比重虽然有所不同，但活期存款占主导的情况没有发生变化，有些县银行活期存款的比重甚至得到进一步提升。据部分资料统计，西南地区县银行活期存款接近存款的100%，定期存款几乎可以忽略不计。如1942年，四川省乐至县银行存款总额为95.28万元，其中活期存款为93.76万元，占98.4%；定期存款为1.52万元，仅占1.6%。[①] 其他地区的县银行情况类似，抗战时期陕西省的县银行存款大多数是活期存款，定期存款较少。根据1947年7月浙江省杭州市统计，杭州市的县市银行存款总额为76704万元。在存款总额中，活期存款约占78%，其他存款占16%，定期存款和储蓄

---
① 田茂德：《抗战时期西南的县银行》，载于政协西南地区文史资料协作会议：《抗战时期西南的金融》，第322、324页。

不到6%。①

(三) 存款利率及准备金率

县银行存款利率的高低直接影响银行存款规模。财政部和各地方政府没有对县银行利率做出具体的统一规定，存款利率政策一般由各地县银行根据各地金融市场实际情况自行决定，报地方政府及上级主管部门备案即可。《通县昌平农工银行试办章程》第三十九条规定"本银行利息最高之率，每年由行长拟定，详由财政部核准"。《杭县农工银行活期存款规则》规定"存款利息每年于六月底及十二月底，按照本行所定利率结算两次"。《海宁县农民银行存款细则》规定"定期或活期存款利率，除存户于存款时特别订定者外，均得由本行就本细则规定范围内，酌量市况随时增减"。储蓄存款利率也由银行自行确定，报县政府及财政部备案即可。

虽然各地县银行拥有存款利率决定的自主权，但是并不表示县银行是随意确定存款利率的。1946年2月18日，国民政府公布《银行存放款利率管理条例》，规定银行存款利率不得超过放款利率。除此以外，市场上实际存在的"基准利率"，对县银行存款利率起到了很大的影响。发挥基准利率作用的主要是政府公债利率。因为存款利率直接决定银行的资金成本，所以县银行一般不会主动提高存款利率。实际上，县银行存款利率的变化往往随着政府公债利率的变化而及时调整。近代中国银行业存款利率普遍较高的重要原因之一，就是政府需要筹集资金而滥发公债，为实现公债销售不断推高公债利率。受此影响，银行为吸收存款被动提高存款利率。吴承禧认为，"频年以来，公债的发行益多，公债的投机益烈，银行之高利争收存款可谓一时之旧，殊少转变。通商大埠，活期存款的年息，普通仍在四五厘之间，定期存款，一年的多为七厘，两年八厘，亦有高至一分左右的"。②

---

① 浙江省金融志编纂委员会：《浙江省金融志》，浙江人民出版社2000年版，第101页。

② 吴承禧：《中国的银行》，商务印书馆1934年版，第61页。

第四章
近代中国县银行业务结构及其变迁

外资银行、大中型银行利率水平也是影响县银行存款利率的重要因素。与外资银行相比，大中型中资银行实力、信誉并不占优势，因此中资银行存款利率普遍高于外资银行。据调查，20世纪30年代上海外资银行定期存款利率在二厘到二厘五左右，中资银行定期存款利率在七厘左右。① 30年代上海市主要的银行平均定期存款利率：三个月至九个月为五厘七，一年期为七厘三毫五，两年期为七厘八，三年期为八厘五，四至五年期为八厘七毫五。② 为获得资金，县银行必须比外资银行、大中型银行的存款利率更高。海宁县农民银行规定：定期存款利率，定期存款在三个月或者六个月，月息最高不超过四厘；九个月或者一年的，月息最高不超过五厘；一年以上的，月息最高不超过八厘。活期存款利率，年利息最高不得超过四厘，每六个月结算利息一次，上期结算的利息计入下期本金。礼券储蓄存款自填发之日起满一个月以上，按年息四厘计算利息。

通货膨胀对县银行存款利率的影响。1940年之前，国内通货膨胀总体比较温和。从1940年开始，逐渐由温和通货膨胀过渡到恶性通货膨胀。1942年，福建省长汀县银行活期存款利率为月息二厘半至五厘。③ 自1942年起，恶性通货膨胀显现，国内物价水平迅速上涨，经济环境恶化。恶性通货膨胀使得银行业吸收存款变得越发困难，导致存款利率水涨船高。1944年四川省遂宁县银行，甲种活期存款利率为月息七厘，乙种活期存款利率为月息八厘，一个月期定期存款月利率为一分六，两个月期定期存款月利率为一分八，三个月期定期存款月利率为两分，半年期定期存款月利率为两分四，一

---

① 《东亚经济研究》第17卷第2号，1933年。转引自吴承禧《中国的银行》，商务印书馆1934年版，第28页。
② 中国人民银行上海分行编：《上海商业银行储蓄史料》，上海人民出版社1990年版，第427页。
③ 《长汀县银行营业概况表》，《广东省银行季刊》1942年第2卷第3期。

年期定期存款月利率为三分。① 由于物价变动频繁，存款计息周期也由以前的年息或月息，改为周息。如1947年，陕西省长安县银行为吸收社会资金，活期存款周息七厘，定期存款周息九厘。②

存款准备金率的确定及其变化。1934年之前，中国并没有真正意义上的存款保证准备制度。近代中国存款准备制度始于1934年国民政府《储蓄银行法》及其对储蓄存款保证准备的有关规定。此时存款保证准备金的强制提取仅局限于储蓄银行。③ 抗战爆发后，为了稳定战时金融秩序，1940年8月7日，财政部颁布《非常时期管理银行暂行办法》，规定全国所有金融机构范围内实施存款保证金制度。

1942年，财政部规定县银行按照《公库法》所代理的公款，可以免缴存款准备金，但是普通存款业务仍需按照百分之二十的标准缴纳存款准备金。在1943年修订《非常时期管理银行暂行办法》时，仍保留了这一条款。1945年4月公布的《财政部授权各省财政厅监理县银行业务办法》明确规定，财政部授权各省财政厅"督促各县银行提缴存款保证金"。④ 抗战结束后，1946年4月财政部废除《非常时期管理银行暂行办法》，颁布《管理银行办法》。规定银行普通存款应按照"活期存款百分之十五至百分之二十，定期存款百分之七至百分之十五"的标准，以现款向中央银行或指定代理银行缴存准备金。具体比例及其调整由中央银行根据金融市场情况，与财政部协商后确定。⑤ 1947年9月，新《银行法》将国内金融机构分为商业银行、实业银行、储蓄银行、信托公司、钱庄五种，按照

---

① 冯名书：《三十三年遂宁经济动态》，《四川经济（季刊）》1945年第2卷第2期。
② 《长安县银行提高存款利率》，《陕行汇刊》1947年第5卷第6期。
③ 程霖、何业嘉：《近代中国存款保证准备制度研究》，《财经研究》2015年第8期。
④ 程霖、何业嘉：《近代中国存款保证准备制度研究》，《财经研究》2015年第8期，第590页。
⑤ 中国人民银行江苏省分行、江苏省金融志编委会：《中华民国金融法规档案资料选编》，档案出版社1989年版，第697—698页。

以下标准缴纳存款保证准备金（详见表4-6）：

表4-6　　各类金融机构商业性存款保证准备金的缴存比例

金融机构种类	活期存款	定期存款
商业银行	10%—15%	5%—10%
实业银行	8%—12%	5%—8%
储蓄银行	10%—15%	5%—10%
信托公司	10%—15%	5%—10%
钱庄	10%—15%	5%—10%

资料来源：中国人民银行江苏省分行、江苏省金融志编委会：《中华民国金融法规档案资料选编》，档案出版社1989年版，第747、749、750、753、754页。

根据新《银行法》的分类定义，"凡收受普通存款与办理一般放款、汇兑及票据承兑或贴现者，为商业银行"。县银行属于商业银行的范围。综合上述情况，县银行存款准备金率的变化情况如表4-7所示：

表4-7　　县银行商业性存款保证准备金的缴存比例

时间	1940—1942年		1942—1945年		1946年		1947—1949年	
种类	活期	定期	活期	定期	活期	定期	活期	定期
比例	20%	20%	20%	20%	15%—20%	7%—15%	10%—15%	5%—10%

（四）存款规模

1915年开始筹设农工银行，农工银行始终十分重视存款业务，但发展并不顺利。1915年成立的通县农工银行，直到开业三年后的1917年，才有了第一笔存款业务。1917年，通县农工银行全年仅有两笔存款业务，其中一笔是定期存款，金额为200元，另外一笔是暂时存款，也就是活期存款，金额为13.478元。进入20世纪20年代以后，县银行存款业务发展缓慢，主要是因为农村经济衰败，地方颇有资产之人士纷纷移居大城市，各地方资金大量往大城市转移和集聚，身处县市的县银行缺乏吸收存款的对象和资金来源。以农工银行为例，1932年部分县银行存款规模情况如表4-8所示：

表4-8　　　　　1932年部分县银行商业性存款规模　　　　单位：元

县市银行	省份	存款总额
通县农工银行	北京	51933.64
莆仙农工银行	福建	70601.63
绍兴县农工银行	浙江	197997.79
嵊县农工银行	浙江	729059.77
江丰农工银行	江苏	1557030.43

资料来源：中国银行管理处经济研究室编：《全国银行年鉴》1934年版，第B154、B250、B257、B262、B306页。

进入20世纪30年代，县银行数量增加有限，总的存款规模不大。由表4-8可见，上述五家县银行1932年的财务数据显示，存款规模最小的通县农工银行，存款总额为51933.64元，存款规模最大的江丰农工银行，存款总额为1557030.43元，两者相差30倍。这说明这一时期，不同区域县银行的存款业务发展参差不齐，五家县银行的平均存款为521324.65元。以上情况说明，20世纪30年代县银行存款规模小、存款业务区域间发展不平衡，资金实力偏弱。

进入20世纪40年代以后，各地县银行存款业务，一方面伴随着县银行的发展而得到不同程度的发展，另一方面，不同地区的县银行存款业务发展仍不平衡，但总体来说县银行的存款规模和资金实力都得到了较大的增长。虽然县银行的存款的绝对规模增长较快，但受国内通货膨胀因素的影响，以及政策性存款的快速增长，实际上县银行的商业性存款比重不高。

以县银行数量最多的四川省为例，了解20世纪40年代以后县银行商业性存款情况。1942年年末，四川省温江县银行存款总额为1012.95万元，其中商业性存款为302.57万元，占存款总额的29.87%。① 1943年年末，荣县县银行存款总额为104.38万元，其中商业性存款为20.17万元，占存款总额的19.32%。② 1944年6月，南川县银行存款总额为214.62万元，商业性存款为185.59万元，占存款总额的86.47%。③ 1946年年末，南部县银行存款总额为195.1万元，其中商业性存款为61.09万元，占存款总额的31.31%。④ 1947年6月，蓬安县银行存款总额为1591.53万元，其中商业性存款为496.08万元，占存款总额的31.17%。⑤ 1948年6月，西充县银行存款总额为4.24亿元，其中商业性存款为0.31亿元，占存款总额的7.31%。⑥

其他地区的县市银行商业性存款占比偏低。1946—1949年的每年年末，重庆市银行的商业性存款仅占4年存款总额的10%左右。⑦ 1947年年末，浙江省萧山县银行存款总额为3.95亿元法币，其中商业性存款占36.88%。⑧ 1947年年末，贵阳市银行存款总额为15.77亿元法币，其中商业性存款7.9亿元法币，占存款总额的50.1%。⑨ 1949年1月，黄冈县银行存款总额为21990.27元金圆券，其中商业性存款22.6元金圆券，占存款总额的0.10%。⑩ 1949年4月，无锡县银行的存款总额1.68亿元金圆券，其中商业性存款0.82亿元金圆券，占存款总额的48.81%。⑪

---

① 四川省档案馆馆藏四川省财政厅档案，档号：民059-02-2584。
② 四川省档案馆馆藏四川省财政厅档案，档号：民059-02-3131。
③ 四川省档案馆馆藏四川省财政厅档案，档号：民059-04-6244。
④ 四川省档案馆馆藏四川省财政厅档案，档号：民059-04-8001。
⑤ 四川省档案馆馆藏四川省财政厅档案，档号：民059-04-7994。
⑥ 四川省档案馆馆藏四川省财政厅档案，档号：民059-04-7996。
⑦ 姜宏业：《中国地方银行史》，湖南出版社1991年版，第207页。
⑧ 萧山县支行金融志编写组：《民国时期的萧山县银行》，第30页。
⑨ 中国人民银行贵州省分行金融研究所：《贵州金融货币史论丛》，第152页。
⑩ 黄冈县金融志编纂办公室：《黄冈县金融志（1882—1985）》，第216页。
⑪ 无锡市金融志编纂委员会：《无锡市金融志》，第70页。

二 商业性放款业务

商业性放款利息收入是县银行主要的收入来源。从放款用途、放款分类、放款利率、放款规模四个方面，介绍县银行放款业务。

（一）放款用途

1915年颁布的《农工银行条例》明确农工银行"以融通资财，振兴农工业为宗旨"，农工银行的放款用途主要是农林牧渔、工业及相关放款，包括"一、垦荒耕作。二、水利林业。三、购买籽种肥料及各项农工业原料。四、农工生产之运输囤积。五、购办或修理农工业用器械及牲畜。六、修造农工业用房屋。七、购办牲畜，修造牧场。八、购办渔业、蚕业、种子及各种器具。九、其他农工各种兴作改良等事"。[①] 这一时期，其他县银行放款用途则与其定位有关，县农民银行放款用途主要是农业生产，县地方商业银行放款用途主要是商业、手工业。比如嘉兴县地方农民银行"以贷与本县农民购置戽水（本书注：取水灌田）机器为限"。[②] 以通县农工银行为例，县银行的放款用途及其放款情况如表4-9所示：

由表4-9可见，通县农工银行商业性放款遵循了《农工银行条例》的规定，主要包括农林牧渔业、工业两大类，放款以农林牧渔业为主，以工业为次。1915—1927年，通县农工银行平均每年的农林牧渔业放款为68786元，工业放款为7599元，分别占放款总额的90.05%、9.95%。首先，农林牧渔业放款较多，除去1915年、1927年仅为半年外，其他年份中最低为51618元，最高为144595元，各个年份差距不大，总体呈先升后降的走势。以比重计算，农林牧渔业放款占绝对多数，最低的年份放款比例达到69.84%，最高的年份达到99.94%，12年间农林牧渔业放款总计占放款总额的90.05%。其次，工业放款较少。最低年份仅为38元，最高年份为

[①] 中国人民银行江苏省分行、江苏省金融志编委会：《中华民国金融法规档案资料选编》，档案出版社1989年版，第64页。

[②] 《嘉兴县地方农民银行筹备处代理放款暂行规则》，《浙江省建设月刊》1932年第5卷第10期。

22474元，各个年份差距较大，总体上呈波浪起伏的走势。以比重计算，工业放款占少数，最低的年份放款比例为0.06%，最高的年份达到30.16%，12年间工业放款总计占放款总额的9.95%。

表4-9 1915—1927年通县农工银行商业性放款用途分类统计

单位：元;%

年份	农林牧渔放款	占比	工业放款	占比
1915（下半年）	4530	95.67	205	4.33
1916	59300	77.49	17223	22.51
1917	92900	99.31	645	0.69
1918	86310	99.25	650	0.75
1919	144595	99.93	100	0.07
1920	81000	99.64	290	0.36
1921	68500	99.94	38	0.06
1922	57200	83.87	11003	16.13
1923	52046	69.84	22474	30.16
1924	61400	81.87	13593	18.13
1925	52642	75.80	16807	24.20
1926	51618	91.81	4602	8.19
1927（上半年）	13386	78.99	3561	21.01
合计	825427	90.05	91191	9.95

资料来源：根据卓宣谋《京兆通县农工银行十年史》，大慈商店1927年版，第112页内容整理计算。

表4-9中的农林牧渔业的放款具体包括：肥料、牲口、农具、雇工、种子、种棉、农屋、渔业、垦荒、林业、水利、旗地放款。工业放款包括：制帚、织布、工场、砖窑、造纸放款。具体情况如图4-1所示：

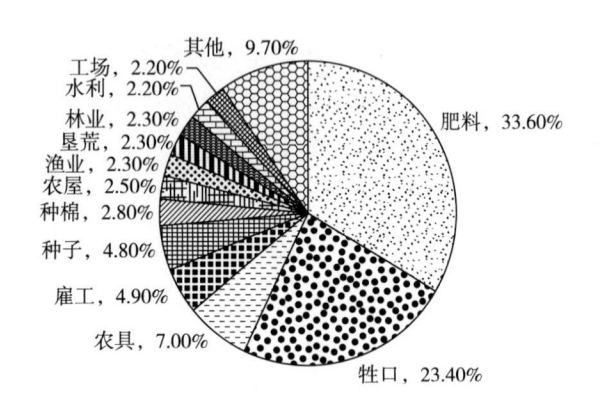

◇ 中国县银行结构及绩效研究（1915—1949）

图 4-1 1915—1927 年通县农工银行放款用途及比例明细

《县银行法》规定县银行放款范围为：地方仓储放款、农林工矿及交通事业生产用途放款、兴办水利放款、经营典当小押放款、卫生设备事业放款、地方建设事业放款。与农工银行相比，县银行被允许的放款项目更多，涉及面更广。实际情况是，大部分县银行将放款重点投向商业，农工业放款较少。抗战时期西南地区"事实上各县银行的商业放款所占比重，常在 80% 以上"，主要原因是"县上一般无大工业，对大工业也难以承受，中小工业同样是额大、期长、利小。农业上既有在先分布的农民银行、合作金库一直运营，利息又远非县银行得以维持"。[①] 1946 年 4 月 17 日公布《财政部管理银行办法》，规定"商业银行资金运用，应以贷放下列事业为主要对象：一、农、工、矿生产事业。二、日用重要物品之运销事业。三、对外贸易重要产品之运销事业"。同时要求，以上三类放款不得低于放款总额的百分之五十。[②] 以 1948 年湖北省部分县银行为例，看看县银行放款用途及有关情况：

[①] 田茂德：《抗战时期西南的县银行》，载于政协西南地区文史资料协作会议：《抗战时期西南的金融》，第 322 页。

[②] 中国人民银行江苏省分行、江苏省金融志编委会：《中华民国金融法规档案资料选编》，档案出版社 1989 年版，第 698 页。

第四章
近代中国县银行业务结构及其变迁

表4-10 1948年湖北省部分县银行商业性放款用途及金额

单位：万元法币；%

县银行	农工矿生产 金额	农工矿生产 比例	日用重要物品运销 金额	日用重要物品运销 比例	外贸产品运销 金额	外贸产品运销 比例	其他 金额	其他 比例
黄冈县	82.00	0.32	23732.00	93.71	478.00	1.89	1032.00	4.08
咸丰县	110.01	7.70	552.34	38.66	248.82	17.41	517.72	36.23
恩施县	154.00	0.08	191257.65	87.29	22620.00	10.32	5062.66	2.31
宣恩县	530.00	32.03	1012.00	61.17	0	0	112.50	6.80
当阳县	8500.00	18.52	37400	81.48	0	0	0	0
应城县	67543.21	62.04	15464.53	14.20	25873.64	23.76	0	0
合计	76919.22	19.12	269418.52	66.97	49220.46	12.24	6724.88	1.67

资料来源：黄冈县银行数据来自黄冈县金融志编纂办公室：《黄冈县金融志（1882—1985）》，1987年版，第39页。咸丰、恩施、宣恩、当阳、应城县银行放款数据，来自湖北省档案馆：《湖北省财政厅检查县银行业务计划总结报告》，全宗号LS19，目录号5，案卷号7334-1。转引自金东2008年硕士学位论文《民国时期县域新式金融机构的构建》，第54页。黄冈县银行数据为1948年2月，咸丰、恩施、宣恩、当阳、应城县银行数据为1948年1月。

从表4-10可见，1948年湖北省6个县银行的放款主要集中在农工矿生产、日用重要物品运销、外贸产品运销三大类，这些项目都在《县银行法》所规定的范围之内，严格遵循了《财政部管理银行办法》的要求，三类放款累计都超过了财政部要求的放款总额的50%以上，当阳县银行和应城县银行甚至达到了100%。放款类别中以日用重要物品运销放款为最多，农工矿生产、外贸产品运销放款次之。6家县银行日用重要物品运销平均放款为44903.09元，农工矿生产平均放款为12819.87元，外贸产品运销平均放款为8203.41元，三类放款占放款总额的66.97%、19.12%和12.24%。放款最多的是日用重要物品运销。除应城县银行和咸丰县银行此项放款占比为14.2%、38.66%，其他4家县银行都占放款总额的60%以上，最高的黄冈县银行日用重要物品运销放款甚至高达93.71%。另外农工矿生产、外贸产品运销两项放款，比重较小，如除应城县银行的农工矿生产放款达到62.04%外，其他县银行均低于三分之一，其中黄冈县银行和恩施县银行仅占0.32%、

0.08%，几乎可忽略不计。6家县银行的外贸产品运销放款比重都低于四分之一，宣恩县银行和当阳县银行甚至没有此项放款。

与农工银行较大不同的是，大部分县银行不再将农工业作为放款的主要对象，其中一项重要原因是通货膨胀带来各种物资价格的剧烈变化，在恶性通货膨胀条件下，货币迅速贬值。由于农工业资金使用周期较长，而日常重要物品的运输和销售周期较短，并且具有需求刚性，面对恶性通货膨胀具有较好保值效果，因而农工业放款迅速下降，日常重要物品的运输和销售放款受到银行青睐。

针对这一现象，1948年《经济改革方案》中进一步明确县银行"以发展农村经济，协助地方建设，配合地方自治之推行为宗旨。其放款业务，应以投放于本县区内农、林、工矿、水利、仓储、卫生设备及其他有关地方建设事业为原则"。[①] 尽管如此，此时国民政府已经根基不稳，国内宏观经济危在旦夕，这一纸空文对各地县银行并没有奏效。

（二）放款分类

县银行商业性放款，按照偿还期限分为活期放款、定期放款两种，按照是否有抵押品分为抵押放款和无抵押放款。1915年颁布的《农工银行条例》对定期放款做了较为详细的规定。将定期放款的偿还期限分为五年期、三年期和一年期，偿还方式分为定期偿还和分期偿还。根据期限和偿还方式的不同，要求需有一定的抵押品、抵押权或有价债券，抵押品包括不动产、农产品、渔业权、政府债票等。"一、五年以内分期摊还，以不动产为抵押者。二、三年以内定期归还，以不动产为抵押者。三、一年以内定期或分期归还，以不易变坏农产作抵押者。四、一年以内定期或分期归还，以渔业权抵押者。除渔业权作抵押外，银行得要求另以公债票或不动产作增加抵押。五、一年以内定期或分期归还，以政府公债票、各省公

[①] 中国第二历史档案馆编：《中华民国史档案资料汇编》第五辑第三编，财政经济（二），江苏古籍出版社2000年版，第129页。

第四章
近代中国县银行业务结构及其变迁

债票、公司债票、股票作抵押者"。① 定期放款除了抵押放款外,也有无抵押放款,但需有资本殷实的典当,有两家互保,或十人以上的农业或工业以连带责任借款,偿还期限最长不超过三年。与存款分类情况相似,由于早期县银行名称不完全一致,且没有全国统一的放款会计科目分类标准,各县银行对放款的分类也不完全相同。根据1934年《全国银行年鉴》各银行《贷借对照表》中记载,通县农工银行将放款分为定期放款、定期抵押放款和分期抵押放款,绍兴县农工银行将放款分为活期放款、定期放款和抵押放款三种。江丰农工银行将放款进一步细分为定期放款、活期放款、定期抵押放款、不动产抵押放款、农产抵押放款等。太仓银行则仅有定期放款、定期抵押放款两类。瓯海实业银行放款包括定期放款、抵押放款两类。龙游地方银行放款项下仅包括押款和放款。

县银行放款分类及其规定。海宁县农民银行将放款分为定期放款和分期放款两类。其中定期放款又分为定期信用放款和定期抵押放款。凡凭信用放款,经订定日期由借款者定期偿还本利者,为定期信用放款。凡凭抵押品放款,经订定日期由借款者一次偿还本利者,为定期抵押放款。分期放款分为分期信用放款和分期抵押放款。凡凭信用放款,经订定日期由借款者分期偿还本利者,为分期信用放款。凡凭抵押品放款,经订定日期由借款者分期偿还本利者,为分期抵押放款。②

通县农工银行章程规定可经营农工业各类抵押放款、信用放款,以定期抵押放款和分期抵押放款为主。抵押放款的程序是:借款人持有田契、地契等抵押品到银行,由银行调查课负责安排调查员实地调查核实抵押品的真伪、合法性,并根据核实情况对抵押品估值及了解借款用途,借款人与银行协商借款金额、期限、利率等明细填入放款申请书,报行长核准后履行放款手续。根据《通县农工银

---

① 《农工银行条例》,中国人民银行江苏省分行、江苏省金融志编委会:《中华民国金融法规档案资料选编》,档案出版社1989年版,第215页。
② 《海宁县农民银行放款细则》,《浙江省建设月刊》1934年第4卷第12期。

行放款规则》①，不动产作为抵押物，一般需经保险，如果未经保险，需放款金额一倍以上的动产或不动产作为增加抵押。不动产、渔业权抵押放款金额不得超过抵押物估值总额的三分之二，农产品抵押放款金额不得超过抵押物估值总额的一半。1915—1927年，通县农工银行以抵押放款为主，包括定期抵押放款和分期抵押放款。偶有信用放款，因数额极少未予统计。具体情况如表4-11所示：

表4-11　　　　1915—1927年通县农工银行商业性放款分类统计　　　　单位：元；%

年份	定期抵押放款 金额	户数	金额占比	分期抵押放款 金额	户数	金额占比
1915（下半年）	2830	19	59.77	1905	12	40.23
1916	69278	409	90.53	7245	38	9.47
1917	75599	492	80.85	17906	114	19.15
1918	74405	552	85.56	12555	59	14.44
1919	133535	523	92.29	11160	74	7.71
1920	70560	522	86.80	10730	57	13.20
1921	65008	480	92.16	5530	35	7.84
1922	60948	491	89.36	7255	44	10.64
1923	60861	478	81.68	13649	44	18.32
1924	63093	347	80.28	15500	26	19.72
1925	64925	450	84.19	12189	29	15.81
1926	52723	458	92.54	4250	23	7.46
1927（上半年）	16004	99	88.65	2050	6	11.35
合计	809769	5320	86.91	121924	561	13.09

数据来源：卓宣谋：《京兆通县农工银行十年史》，大慈商店1927年版，第119—120页。

其他县银行放款主要包括定期放款、活期放款和抵押放款三类。1932年年末，松江典业银行定期放款275529.39元，定期抵押放款345799.68元。绍兴农工银行抵押放款109340.47元，定期放款

---

① 卓宣谋：《京兆通县农工银行十年史》，大慈商店1927年版，第102—107页。

64703.42元，活期放款81321.72元。瓯海实业银行定期放款68950元，抵押放款30274元。① 1935年6月30日，青岛农工银行的放款明细情况：定期放款41200元，定期抵押放款3000元，乡村抵押放款145521元。②

由表4-12可见，列出了1932年太仓银行等9家县银行的商业性活期放款和定期放款情况。总体上看，县银行以定期放款为主，定期放款比重远高于活期放款。县银行的活期、定期放款结构，主要源自存款结构的变化。县银行在存放款资金安排时，通常将定期存款的规模与定期放款基本匹配，随着县银行定期存款的增减，定期放款亦随之增减。

表4-12　　1932年部分县银行商业性活期放款、定期放款情况统计　　单位：元；%

县市银行名称	活期放款数量	活期放款比例	定期放款数量	定期放款比例
太仓银行	0	0	360178.89	100
松江典业银行	0	0	621329.07	100
通县农工银行	0	0	58981.93	100
嵊县农工银行	0	0	292639.47	100
徐州国民银行	2590.00	0.21	497000.00	41.09
江丰农工银行	13787.00	1.03	1030002.08	76.98
绍兴县农工银行	81321.72	22.30	174043.89	47.72
莆仙农工银行	54840.64	37.14	43570.14	29.51
莆田实业银行	84546.88	72.47	32117.06	27.53

注：按照会计科目相近的原则，本表中县银行的"活期放款"数据包括引用资料中原表中"活期放款""通知放款"，"定期放款"包括原表中"定期放款""特种定期放款""定期抵押放款"和"分期抵押放款"。有的县银行存款分类仅凭名称无法区分定期或活期存款的性质，如"抵押放款""不动产抵押放款"等，为便于统计和比较，此类放款未列入上表，但计算比例时计入。

资料来源：中国银行管理处经济研究室编：《全国银行年鉴》1934年版，第B63、B154、B189、B236、B250、B257、B262、B265、B306页。

① 中国银行管理处经济研究室编：《全国银行年鉴》1934年版，第B189、B250、B333页。
② 姜宏业：《中国地方银行史》，湖南出版社1991年版，第425页。

(三) 放款利率

放款利率的高低直接影响银行息差收入和利润水平。县银行放款利率一般由各地县银行根据各地金融市场实际情况自行决定，报地方政府及上级主管部门备案即可。《通县昌平农工银行试办章程》第三十九条规定"本银行利息最高之率，每年由行长拟定，详由财政部核准"。这其中包括放款利率。《海宁县农民银行放款细则》规定"本行放款利息，按月一分"，如果出现借款延期的情况，"在延期内之利息，应将本利一并按月一分五厘计算"。[①] 影响县银行放款利率主要有以下几个因素：

1. 县银行存款利率是影响放款利率的直接因素

县银行主要利润来自存放款资金的利息差，即放款利息收入高于存款利息支出的收益。这就要求放款利率必须超过存款利率。为避免恶性竞争，财政部发布《银行存放款利率管理条例》，明确要求"存款利率不得超过放款利率"。因为政府公债利率发挥"基准利率"的作用，它影响县银行存款利率，进而影响县银行放款利率。1936年，广州市银行为扶持工商业，开办小额信用放款和大额抵押放款业务。工商业小额信用放款额度为300元—500元，利率为月息七厘。[②]

2. 通货膨胀是影响县银行放款利率的又一重要因素

1944年四川省茂县县银行放款利率为年息六分九厘。[③] 1944年4月15日，北方九省的长春、沈阳、哈尔滨、安东（今丹东）、承德等28个城市的金融机构缔结"金利协定"，规定各地区银行放款利率最低为0.36%，最高月息不得超过1.05%。这些银行在稳定一段时间的低利率政策之后，受到通货膨胀的压力，先后将放款利率上调至月息2.1%、3%、3.6%，随着通货膨胀愈演愈烈，放款利

[①] 《海宁县农民银行放款细则》，《浙江省建设月刊》1934年第4卷第12期。

[②] 广东省地方志编纂委员会：《广东省志·金融志》，广东人民出版社1999年版，第196页。

[③] 周泽亨：《三十三年茂县经济动态》，《四川经济（季刊）》1945年第2卷第2期。

率上浮速度也相应加快。1947年7月1日放款利率上调至月息5.0%，9月1日又调整为7.5%，仅两个月放款利率就增加50.0%。① 与其他商业银行一样，区域内各县银行也遵照"金利协定"对放款利率的要求实施放款。1946年4月，桂林市银行发放小本贷款，最高额度为法币20万元，利率为月息4.5%。② 贵阳市银行放款利率随市场情况及时调整。开业初期放款利率为月息7%，1948年7月放款利率已增加至惊人的月息30%，与市场利率基本持平。③

总的来说，县银行放款利率与其他商业银行利率并无不同，总体上受到当地金融市场影响，比如银行业同业公会等组织商定某一放款利率，银行根据自身实际小范围上下浮动。1946年《银行存放款利率管理条例》规定银行"放款利率之最高限度，由当地银钱业同业公会斟酌金融市场情形，逐日拟订同业日折及放款日折两种，报请当地中央银行核定，牌告施行"。④ 因此，放款利率受银行性质、规模等因素影响不大，主要受地域金融市场中资金供求状况和竞争程度的影响。基于这一情况，通过其他银行的放款利率情况，能帮助我们了解各地县银行的放款利率水平。龙游地方银行规定"本银行放款利息以常年一分八厘为最高限度"。⑤ 青岛农工银行"放款利息以一分为原则，期限至多以六个月为限"。⑥ 永瑞地方农民银行对农村合作社放款利率为月息一分，对农民和小工商业者放款利率为月息一分四厘。⑦

---

① 滕茂桐：《光复后东北的银行》，《金融周报》1948年第18卷第2期。
② 广西壮族自治区地方志编纂委员会：《广西通志·金融志》，广西人民出版社1994年版，第75页。
③ 贵州省地方志编纂委员会：《贵州省志·金融志》，方志出版社1998年版，第156页。
④ 王沿津：《中国县银行年鉴》，文海出版社1948年版，第229页。
⑤ 《龙游地方银行股份有限公司章程》，《全国银行年鉴》1935年版，第E179页。
⑥ 《青岛市农工银行乡区放款规则》，《全国银行年鉴》1935年版，第E178页。
⑦ 《永瑞地方农民银行放款规则》，《全国银行年鉴》1935年版，第E184页。

（四）放款规模

放款业务是县银行的核心业务。由于县银行属于地方中小银行，受到资本金和存款规模的制约。1932年部分县银行的商业性放款规模情况如表4-13所示：

由可见，1932年上述五家县银行放款规模差异较大，江丰农工银行放款规模是通县农工银行的38.43倍。存放款比率最低的嵊县农工银行为53.86%，最高的莆仙农工银行为209.13%，四家县银行的存放款比率在1倍以下，较好地兼顾了流动性和盈利性。从存放款比率看，上述五家县银行的存放款业务是比较稳健的。以通县农工银行放款为例，了解县银行的放款规模及有关情况如表4-14所示：

表4-13　　1932年部分县银行商业性放款规模及存放款比　　单位：元；%

县市银行	省份	放款金额	存款金额	存放款比率
通县农工银行	北京	34818.93	51933.64	67.05
莆仙农工银行	福建	147650.78	70601.63	209.13
绍兴县农工银行	浙江	182176.61	197997.79	92.01
嵊县农工银行	浙江	392639.47	729059.77	53.86
江丰农工银行	江苏	1338055.38	1557030.43	85.94

资料来源：中国银行管理处经济研究室编：《全国银行年鉴》1934年版，第B154、B250、B257、B262、B306页。

表4-14　　　　1915—1927年通县农工银行商业性
　　　　　　　　　放款规模及存放款比　　　单位：元；户；%

年份	放款金额	户数	存款金额	存放款比率
1915（下半年）	4735	31	0	—
1916	76523	447	0	—
1917	93505	606	222.15	42090.93
1918	86960	611	2059.47	4222.45
1919	144695	597	90671.24	159.58

续表

年份	放款金额	户数	存款金额	存放款比率
1920	81290	579	3159.36	2572.99
1921	70538	515	16948.46	416.19
1922	68203	535	17453.52	390.77
1923	74510	522	29324.28	254.09
1924	78593	373	14731.07	533.52
1925	77114	479	12015.75	641.77
1926	56973	481	14753.87	386.16
1927（上半年）	18054	105	15474.05	116.67
合计	931693	5881	—	—

资料来源：卓宣谋：《京兆通县农工银行十年史》，大慈商店1927年版，第119—120页。

由表4-14可见，1915—1927年，通县农工银行放款共计931693元，平均每年放款77641元，放款490户，总体上放款规模和放款数量比较平稳。存放款比率即银行放款余额与存款余额的比率。存放款比率越高，说明银行放款比存款越多，银行盈利性越高，流动性越低。存放款比率越低，则银行盈利性越低，流动性越高。从银行盈利的角度，存贷比越高，银行存款的资金使用率越高。从银行抵抗风险的角度，存贷比例过高，会导致银行日常支取和结算的库存现金少，可能会导致银行流动性过低。表4-14中，通县农工银行1915年下半年、1916年没有存款，其放款资金主要依赖资本金。正是由于这个原因，1920年以前通县农工银行的存放款比率极高，1917年甚至高达420倍。12年间，通县农工银行存放款比率最低的1927年上半年为116.67%，大部分年份都在3倍以上。这说明，通县农工银行的资金使用率高，有利于提高银行的盈利性，但是过高的存放款比率提高了银行的流动性危险。通县农工银行的放款详细情况如表4-15所示：

表4-15　1915—1927年通县农工银行商业性放款户数统计

年份	100元以下放款（户）	101—1000元放款（户）	1001元以上放款（户）	户数合计（户）
1915（下半年）	16	15	0	31
1916	167	268	3	438
1917	261	339	6	606
1918	314	293	4	611
1919	274	311	12	597
1920	278	296	5	579
1921	244	266	5	515
1922	296	233	6	535
1923	302	215	5	522
1924	172	186	15	373
1925	257	209	12	478
1926	333	134	9	476
1927（上半年）	54	46	5	105
合计	2968	2811	87	5866

资料来源：卓宣谋：《京兆通县农工银行十年史》，大慈商店1927年版，第121—123页。

由上表可见，1915—1927年，通县农工银行放款户共计5866户，其中100元以下的放款2968户，占50.60%，101元以上1000元以下的放款2811户，占47.92%，1001元以上的放款87户，占1.48%。1000元以下放款98.52%，说明通县农工银行以中小放款为主。

20世纪40年代，县银行的放款情况是否有变化？1946年陕西三台县银行，各项放款总额13352.9万元，各项存款总额10556.5万元，存放款比为126%。[①] 1947年成立的贵阳市银行放款情况如表4-16所示：

[①] 《三台县银行资产负债表（卅五年度）》，《地方金融》1947年创刊号，第28页。

第四章
近代中国县银行业务结构及其变迁

表 4 - 16　1947—1949 年贵阳市银行商业性放款规模及存放款比

单位：元（金圆券）；%

年份	放款金额	存款金额	存放款比率
1947 下半年	1851.42	2165.75	85.49
1948 上半年	10141.13	11271.95	89.97
1948 下半年	432707.03	522978.65	82.74
1949 上半年	51614622530.98	304657108176.99	16.94

资料来源：贵州省档案馆馆藏贵阳市银行未刊档案，档案号：M57 - 1 - 43。

由表 4 - 16 可见，1947—1949 年，从绝对额看，贵阳市银行放款逐年增加。1947 年下半年、1948 年贵阳市银行的存放款比率都在 90% 以下，与 1932 年的县银行情况大致相同。1949 年贵阳市银行业务逐渐停滞，其存放款比也迅速下降。由于 1947 年以后通货膨胀严重，放款金额不能反映银行的放款变化。

三　汇兑业务

汇兑业务是县银行存放款业务以外，开展最多、普及面最广的商业性银行业务，是县银行仅次于存款和放款业务的第三大业务。

汇兑是指汇款人委托银行将其款项支付给收款人的结算方式，分为汇出汇款和买入汇款两种。汇出汇款是指县银行受汇款人委托，将指定金额款项汇至异地收款人。按照处理方法的差异，汇出汇款又分为信汇、票汇和电汇三种。信汇是汇款人向银行提出申请，同时交存一定金额及手续费，汇出行将信汇委托书以邮寄方式寄给汇入行，授权汇入行向收款人解付一定金额的一种汇兑结算方式。票汇是汇款人将一定款项交汇款银行，汇款银行出具汇票，汇款人将汇票转寄给收款人，收款人持汇票在当地收款银行兑付现金。电汇是汇款人将一定款项交存汇款银行，汇款银行通过电报或电传给目的地汇入行，由汇入行向收款人兑付的一种汇款方式。以上三种汇兑结算方式都需要支付一定汇兑费用，但信汇和票汇费用较低，速度相对较慢，而电汇速度快，费用较高，因而通常只在紧急情况下或者金额较大时使用。为了确保电汇的安全性和真实性，汇出行在电报上加注密码；而信汇和票汇则无须加密码，签字即可。买入汇款则与汇出汇款的顺序相反，即县银行先买入异地银行的汇票，扣除手续费和利息后，将资金兑付给汇票持有人，汇款人再向本地县银行付款。

　　县银行汇兑网络的构建与近代其他中资银行有较大不同。由于县银行在异地没有分支机构，其汇兑业务是通过与全国性、省地方银行或异地县银行达成汇兑业务协议的方式开展，且以国内汇兑业务为主。汇兑网络构建主要有以下两种途径：第一种途径是由银行同业组织建设汇兑网络。有代表性的是江苏省和四川省，江苏省18家县市银行共同发起成立县市银行联谊会，之后新成立县市银行也都加入该会。谈及成立理由，江苏县市银行联谊会主席吴邦周认为，"国家银行及范围较大之商业银行，于各地均设有分支行或办事处取得密切联系，独我县银行势孤力薄，倘不设法相互合作，深恐业务上难获发展"。1947年3月，联谊会第二次会议上提出"各县市银行为谋发展汇兑业务起见，拟联合在上海组建一通汇机构"，经商讨一致同意参照上海的省银行联合通汇办法拟定县银行通汇草案，并在联谊会第四次会议上获得通过，同时江苏各县市银行共同签署同业通汇透支契约。[①] 1946年12月，四川省成立县市银行业务协进会，包括四川省64家、西康省2家县市银行加入该会，其中一项重要内容是构建和加强各县市银行间的汇兑业务联系。第二种途径是县银行自发组织形成汇兑网络，县内汇兑主要通过县银行及其下设的办事处，县外汇兑通过与异地县银行或其他银行协商建立汇兑联系，从而形成县内外的汇兑网络。在四川省成立县市银行业务协进会以前，四川泸县县银行的县内汇兑主要面向本县各乡镇农产品交易，汇兑业务由泸县县银行及其在泸县境内设置的蓝田坝、弥陀场、玄滩、兆雅等办事处办理，已经建立县外汇兑联系的有重庆、成都、乐山、宜宾、南溪、江安、纳溪、长宁、古蔺、自贡等

[①] 王沿津：《中国县银行年鉴》，文海出版社1948年版，第17、18页。

第四章 近代中国县银行业务结构及其变迁

五十余县市,并积极向昆明、雅安、简阳等地银行商议建立汇兑联系。由于汇兑网络的建立和发展,泸县县银行的汇兑业务发展迅速,1941年汇兑总额为7978848元,1942年增加至32626608元,1942年汇兑总额比1941年增加超过3倍。① 1943—1945年,安徽省休宁县、歙县、青阳、祁门、泾县、绩溪、黟县、石埭、旌德、太平、贵池11家县银行,汇兑总额为8177万元,其中汇出3120万元,汇入5057万元。汇兑业务规模仅次于存款3.48亿元、放款4.02亿元、代理县库1.86亿元,是县银行的第四大业务。②

县银行汇兑业务的发展,受所处地区经济发达程度差异而有所不同(见表4-17)。有些地处落后地区的县银行汇兑业务极少或没有开展。早期的部分县银行,如江苏省丰县农工银行,地处苏北边陲,地瘠民贫,交通不便,除经营农工放款外,概不经营其他业务。③ 其他如江丰农工银行等县银行也没有开展汇兑业务。开展汇兑业务的大宛农工银行,1923年汇兑收入为1246.75元,总收入为199759.5元,汇兑收入仅占总收入的0.62%。④ 部分处于较发达区域的县市银行,有交通或人员便利优势,汇兑业务开展较好,其中如南昌市立银行、重庆市民银行、广州市立银行等一些市银行甚至开展国外汇兑业务。汇兑收入成为县银行除利息收入之外的一项重要收入来源。

表4-17　　　　1932年部分县银行汇兑收入及比重　　　　单位:元;%

县市银行	汇兑收入	总收入	汇兑收入占比
龙游地方银行	226.96	13888.91	1.63
江丰农工银行	2125.45	65293.99	3.26

---

① 聿攸:《泸县县银行概况》,《川南工商》1945年第2卷第3期。
② 安徽省地方志编纂委员会:《安徽省志·金融志》,方志出版社1999年版,第102页。
③ 林和成:《中国农业金融》,中华书局1936年版,第292页。
④ 《大宛农工银行十二年度营业报告》,《银行月刊》1924年第4卷第2期。

续表

县市银行	汇兑收入	总收入	汇兑收入占比
瞿县地方农民银行	373.53	6683.63	5.59
嵊县农工银行	2180.52	36373.15	5.99
南昌市立银行	11371.05	112682.53	10.09
莆仙农工银行	1583.90	12895.35	12.28
松江典业银行	6521.34	51073.68	12.77
瓯海实业银行	4180.80	31059.86	13.46
重庆市民银行	21826.80	119356.62	18.29
太仓银行	6039.98	26389.49	22.89
徐州国民银行	28996.82	66828.34	43.39

资料来源：中国银行管理处经济研究室编：《全国银行年鉴》1934年版，第B63、B154、B189、B195、B203、B235、B262、B306、B333、B335、B339页。

由表4-17可见，1932年上述11家县银行中，从绝对收入看，汇兑收入最少的龙游地方银行为226.96元，最高的徐州国民银行为28996.82元，后者汇兑收入是前者的127.76倍。汇兑收入在1000元以下的有2家，1000元以上10000元以下的有6家，10000元以上的有3家。从汇兑收入占县银行收入的比重来看，比重最低的龙游地方银行为1.63%，比重最高的徐州国民银行为43.39%。占收入比在10%以下的有4家，10%—20%的有5家，20%以上的有2家。这表明大部分县银行汇兑收入在1000元—10000元，不同地域间县银行的汇兑收入差距较为悬殊。大部分县银行汇兑收入占总收入的比重在20%以下，汇兑收入成为县银行的重要收入来源之一。

本章小结

本章围绕县银行的政策性业务和市场化业务两个方面，分析近代中国县银行的业务结构。主要内容如下：

第四章
近代中国县银行业务结构及其变迁

第一，县银行的政策性业务。按照业务规模的大小，政策性业务的重点是业务规模相对较大的政策性存款、放款和代理业务。政策性存款业务由公库存款和政府机构存款两部分构成。政策性存款结构在不同时期有所不同。存款规模方面，前期政策性存款规模较小，后期迅速增加，主要原因是公库存款的快速增加。存款来源方面，政策性存款最主要的来源是公库存款。县银行前期政策性存款较少，后期县银行得到专门代理县公库的授权后，公库存款快速递增。直接放款的表现形式有公库透支和直接放款两种。公库透支是地方政府在县银行公库账户上直接超额支出经费，无须另行签订放款协议。政策性放款则需要地方政府与县银行另行签订放款协议，约定放款规模、利率、期限等。业务规模方面，政策性放款在县银行放款总规模中比重较小，不是放款的主要对象。代理业务主要有代理募集政府公债和辅币券等，业务规模占比不大，代理业务通常在经济较发达地区的县银行。

第二，县银行的市场化业务。按照业务规模的大小，市场化业务的重点是存款、放款和汇兑业务。县银行的商业性存款来源有农工业、个人和普通商业存款等渠道。商业性存款可归为活期存款、定期存款两类，各县银行活期存款、定期存款比重有所不同，总体上以活期存款为主。县银行存款利率受到国债利率以及外资银行、大中型银行利率水平的影响，自身可调节范围有限。受资本金和地区情况差异，县银行存款规模较小，不同地区的县银行存款业务发展仍不平衡。市场化放款是县银行最主要的放款方式。放款用途方面，前期县银行放款用途主要是农林牧渔、工业，后期放款用途集中在农工矿生产、日用重要物品运销、对外贸易重要产品运销。放款方式以抵押放款为主、信用放款为辅，活期放款多于定期放款。县银行放款利率全国差异较大，与当地金融市场利率水平基本保持一致。汇兑业务是县银行第三大业务，分为汇出汇款和买入汇款两种，能为县银行带来汇兑收入。汇兑业务的发展程度与县银行所处地区的经济条件密切相关。

第五章 近代中国县银行绩效及其变迁

　　绩效反映了评价主体的各项目标实现的程度。因此，绩效的衡量必须要结合对象的本质特征和目标。对比县银行发展历程中的两个关键性法规——《农工银行条例》与《县银行法》可见，县银行在前后两个时期的目标是基本一致的，归纳起来有三点：第一，宏观层面，县银行肩负着对地方经济金融和产业发展等方面的社会责任，以及落实政府宏观经济政策的多重任务。第二，中观层面，县银行与其他县域金融机构紧密相关，对地方银行业产生影响。第三，微观层面，作为股份有限公司形式的商业银行，县银行有实现利润最大化，以及提升管理效率、员工队伍整体素质等管理目标。

　　基于县银行的上述特征和目标，县银行绩效应该包括宏观、中观和微观三个层面的绩效评价指标。宏观绩效层面，主要从县银行对县域经济金融业的绩效和县银行对新县制建设、经济金融政策等落实情况及其效果，考察县银行的宏观经济绩效和宏观政治绩效。中观绩效层面，主要围绕县银行的价格竞争、非价格竞争和市场占有率三个指标，研究县银行对县域银行业的影响和作用。微观绩效层面，包括经营绩效、组织绩效、人员绩效三个二级指标。其中，经营绩效着重分析县银行的资产收益率等财务指标；组织绩效着重考察县银行的内外部组织结构对绩效的影响；人员绩效着重考察银行员工数量、质量等方面对银行绩效的影响。本书构建的县银行绩效评价体系如表 5-1 所示：

表 5–1　　　　　　　　　县银行绩效评价体系

一级绩效	二级绩效	评价指标（内容）
宏观绩效	宏观经济绩效	县银行对县域经济金融业的影响和作用
	宏观政治绩效	县银行对新县制建设、战时经济金融政策等落实及其效果
中观绩效	行业绩效	县银行在县域银行业中的价格竞争力
		县银行在县域银行业中的非价格竞争力
		县银行在县域银行业中的市场占有率
微观绩效	经营绩效	资产收益率等
	组织绩效	单一银行制、官商股权结构对绩效的影响
	人员绩效	银行员工数量和整体素质

第一节　县银行宏观绩效分析

县银行作为地方金融市场主体，有很强的外部性，这种外部性表现为银行的宏观绩效。具体来说，县银行的宏观绩效包括对县域金融业、县域经济以及国家、地方政策的影响和效应。

一　县银行加快了县域金融业的近代化进程

县银行对县域金融机构的影响主要体现在县域金融机构的变化反映了近代中国金融机构的变迁。近代中国的县域金融机构也经历了从钱庄票号到银行主导的金融变迁过程。县银行作为县域金融机构的一员，在县域金融制度变迁过程中扮演的角色和发挥的作用也在不断变化。

一是县银行对传统金融机构的制度性冲击和影响。20世纪20年代以后，随着中国社会经济的改变，银行业进入了快速发展时期。银行与钱庄等传统金融机构的矛盾开始凸显，"近代中国银行与钱庄的矛盾和对立，在各个业务领域几乎无处不存在，但这些都只是一种浅层次的表面现象，而更深层次的矛盾和对立则体现在制度方面"。① 这种矛盾和对立,一方面表现在银行机构数量、资本和业务总量的大幅增加,钱庄票号整体业务的相对萎缩;另一方面,更为深层次的是近代银行的管理模式、组织架构、经营理念对钱庄票号的制度性冲击和影响越来越大。县银行的诞生和发展,也不同程度地施加了对传统金融机构的影响。根据前面的分析,虽然从全国范围内来说,县银行由于规模较小等因素的限制,但是在一部分区域,特别是在金融机构较少的欠发达地区,县银行作为为数不多的新式银行之一,代表了先进的管理模式和经营理念,对钱庄票号的影响是全方位的。在县银行等各类银行的冲击和影响下,钱庄业在后期出现了向银行化转变的总体趋势。

二是县银行加快了县域金融业的近代化进程。"中国近代新式银行业发展是一个从通商大埠向广大内地的扩散过程,是一个由国家、省级层面向县级及其以下基层的渗透过程。"② 在近代中国银行业的发展过程中,县银行的发展晚于国家银行和省银行,但也是最基层的银行之一。县银行从民国初年的出现,到20世纪40年代的较快发展,不仅是国家垄断金融网络中的基础一环,也是中国银行业和金融业近代化进程发展和完善的结果。

民国早期县域金融机构中,传统金融机构与近代新式金融机构并存。如江苏镇江有中央银行等7家银行、道生等8家钱庄,浙江余姚有交通等4家银行、中一信托公司、致大等9家钱庄,四川内江有中国银行等26家银行、济源等15家银号钱庄,山西榆次有万利恒等两家银号、晋信等两家钱庄。20世纪三四十年代以后,以银号、钱庄为代表的传统金融机构日渐式微,银行等新式金融机构日渐增多,并逐渐成为金融机构发展方向的主导力量。县银行的出现与发展加快了县域金融业由传统金融向新式金融的转变,在金融机构缺乏的欠发达地区,县银行对于县域金融业现代化进程的推动作

---

① 李一翔:《近代中国银行与钱庄关系研究》,学林出版社2005年版,第133页。
② 王玉茹、燕红忠、付红:《近代中国新式银行业的发展与实力变化》,《金融研究》2009年第9期。

用更加突出。

二　县银行有助于近代中国县域经济发展，但作用发挥有限

一是县银行有助于缓解县域经济的资金需求，促进县域经济发展。县银行为个体工商业、手工业、农业等提供了短期小额资金放款。在农工银行时期，县银行按照《农工银行条例》的规定，对县域及乡村的农林牧渔业、工业提供放款。通县农工银行放款遵循了《农工银行条例》的规定，主要包括农林牧渔业、工业和政府公益三大类，放款以农林牧渔业为主，以工业为次，偶尔有个别公共事业放款。农林牧渔业的放款具体包括：肥料、牲口、农具、雇工、种子、种棉、农屋、渔业、垦荒、水利、林业、旗地放款。工业放款包括：制帛、织布、工场、砖窑、造纸放款。1915—1927年，通县农工银行平均每年的农林牧渔业放款为68786元，工业放款为7599元，公益放款为1205元，三类放款占放款总额的90.05%。

《县银行法》规定县银行放款范围为：地方仓储放款、农林工矿及交通事业生产用途放款、兴办水利放款、经营典当小押放款、卫生设备事业放款、地方建设事业放款。与农工银行相比，县银行被允许的放款项目更多，涉及面更广。1948年6月，湖北应城县银行放款11亿元，其中农工矿生产事业放款24户，日用重要物品业放款62户，对外贸易重要产品运输业放款8户，公共交通业放款5户。① 1948年8月，四川南部县银行放款20.41亿元，其中农工矿生产事业放款108户，日用重要物品业放款21户，对外贸易重要产品运输业放款23户，公共交通业放款4户。② 四川蓬安县银行放款9.1亿元，其中农工矿生产事业放款46户，日用重要物品业放款23户，对外贸易重要产品运输业放款两户，其他放款两户。③

---

① 张光祖：《民国时期的应城县银行》，应城市政协文史资料委员会编：《应城文史》2004年版，第147页。
② 《南部县银行放款对象分类表》，四川省档案馆藏四川省财政厅档案，档号：民059-04-8001。
③ 《蓬安县银行放款对象分类表》，四川省档案馆藏四川省财政厅档案，档号：民059-04-7994。

二是县银行在资金需求较大、周期较长的县域经济资金需求方面作用较小。大部分县银行主要为种子化肥、农业工具等生产资料的资金周转提供支持，但是客观上，农业基础设施所需资金较多，县银行受制于资金规模，而力有所不能及。比如中西部及偏远地区金融机构相对较少，设立的县银行数量相对较多，这些地区的农田水利建设等基础设施急需筹集资金，但现实是县银行资本实力十分有限，部分县银行资本额甚至刚达到《县银行法》规定的最低限额，而"农工矿等生产事业之放款投资数目较大，期间亦较长，非资力雄厚之银行不能举办，县银行资本薄弱，势必无法达成其发展地方经济建设事业之重大使命"。主观上，作为商业性金融机构，风险最小化和利润最大化一直是县银行及其管理者所追求的目标。由于农业基础设施资金使用周期长、放款利率较低，且受通货膨胀因素的影响，县银行不愿意为风险大、收益小的农业基础设施提供融资服务。因此，从农村经济角度来说，县银行尽管对县域农村经济的发展起到了一定的积极作用，但这种作用微乎其微，远未达到南京国民政府设定的扶助地方农村经济建设的预期目标。

三 县银行的政治功能增强，政策效应逐渐显现

农工银行时期的县银行"为农工业之地方金融机关，以谋地方农工业之改良、发达为目的"。[①] 20 世纪二三十年代，社会环境日益恶劣，农村经济持续恶化，有限的资金不断外流，金融资源面临枯竭。作为立足县乡的新式金融机构，县银行自身发展停滞不前，完全谈不上对地方农工业的扶持和帮助，没有达到政府对县银行预期的目标。

进入 20 世纪 40 年代，县银行先后被赋予协助开展新县制建设，落实战时金融政策，恢复战后地方经济等使命。在政策的倾斜和扶持下，县银行得到发展，县银行的发展又反过来产生一定的政策效应。

---

① 羲农：《我国农工银行之沿革组织及其现状》，《银行周报》1919 年第 20—21 期。

第五章
近代中国县银行绩效及其变迁

一是基本落实了战时金融政策中关于金融网的地方银行布局。抗战全面爆发后，逐步形成了以四联总处为领导，以四行两局为核心，以各省市地方银行和商业银行为主体的政府垄断金融网络。在战时金融体制指导下，加大了大后方金融网络建设的力度。1939年10月5日，国民政府通过《关于加速完成西南西北金融网的决议》，要求四行"凡与军事、政治、交通及货物集散有关各地四行，至少商定由一行前往分设机关，活动当地金融"。① 1940年3月，四联总处根据决议要求，制定《完成西南西北金融网方案》，提出在西南、西北设立金融机构216处，分三期推进。② 这是县银行产生的重要历史背景之一，而后几年时间内县银行快速发展到544家，仅西南地区四川一个省就达131家，基本完成了抗战大后方的布局。

二是有助于国民政府新县制的实施和战后县域经济恢复。1939年1月26日，国民政府通过《改进县以下党政机构之实施案》，决定对四川、陕西、贵州、湖南、江西等省开展推行新县制的试点工作。9月19日，国民政府公布《县各级组织纲要》推行新县制。新县制的一项重要内容是建立中央和地方两级财政系统，划分省县地方财政。"我国县乡地方为自治之基础，以地方财力，加以合理之组织，奠立县乡金融机构，始足以发展经济，培养民生，完成自治财政之设施，协助新县制建设需要。"③ 换言之，新县制的推行需要相应设立县银行与之配合，而且"国家银行所不能及之地方，省地方及县乡银行均可设置，脉络贯通，推进中央金融政策，亦可收指臂之效"。④ 1940年《县银行法》赋予县银行专门代理县级政府公库的权利，县银行与县政府订立契约"县地方总预算范围内的一切收入及预算外收入，均由县行代理，银行对于所收之现金及到期票

---

① 中国第二历史档案馆编：《中华民国档案史料汇编》第五辑第二编财政经济（一），江苏古籍出版社1997年版，第395页。
② 黄立人：《四联总处的产生、发展和衰亡》，《中国经济史研究》1991年第2期。
③ 王沿津：《中国县银行年鉴》，文海出版社1948年版，第13页。
④ 中国第二历史档案馆编：《中华民国档案史料汇编》第五辑第二编财政经济（四），江苏古籍出版社1997年版，第516页。

据证券应用存款方式存管。存管方式分为收入总存款、各普通经费存款、各特种基金存款三类，并规定了各类存款的计息方式和支出方式等"。[1] 因此，县银行对新县制的实施起到了促进作用。抗战结束后，县银行在战后县域地方经济恢复和发展中，也发挥了一定的积极作用。

第二节 县银行中观绩效分析

中观分析主要是对所在行业进行分析，具有承上启下的作用。县银行属于县域地方性银行，县银行的中观绩效主要考察县银行在所在县域银行业的绩效。研究县银行在县域银行中的绩效需要着重考虑两个问题：县银行在县域银行业中的竞争力如何？县银行在县域银行业中的市场占有率怎样？因此，本节重点围绕县银行与县域银行业的构成、县银行的行业竞争力，分析县银行的中观绩效情况。

一 县银行与县域银行业分析

近代中国县域经济不甚发达，银行业是金融业的绝对主体，占据了主导地位，成为金融业的代名词。县银行与其他银行类金融机构共同构成县域银行业。根据性质分类，近代中国银行业主要有三类银行机构：银行类传统金融机构、中资银行、外资银行。其中外资银行聚集在大都市，县域难见其踪影。县银行的经营区域以县域为界，县域金融机构可以分为两类，一类是钱庄为代表的传统金融机构，另一类是中资银行的县域金融机构，主要有国家行局、省银行、一般商业银行和县合作金库。县银行的业务范围与以上县域金融机构基本一致，即县银行与其他县域金融机构之间，存在业务和营业区域的重合。具体来分析：

---

[1] 四川省档案馆藏四川省财政厅档案，档号：民059-04-6488。

一是县域银行类传统金融机构，以钱庄票号为代表。钱庄票号的服务对象主要是面向地方工商业、小手工业和普通大众的日常资金服务等，显然这与县银行的服务对象大体一致。尤其是农工银行时期，县域银行尚不发达，钱庄银号的数量较多，实力不容小觑，是县域金融业中一支重要力量。以通县为例，早期县域金融机构情况如表5-2所示：

表5-2　　　　　　1915年通县银行类金融机构情况统计

金融机构名称	开业时间	资本额（银元）	经办业务
中国银行通县兑换处	1910年以前	—	银钱等货币兑换
交通银行通县兑换处	1910年以前	—	银钱等货币兑换
万丰钱庄	1897年	2000	存放款、汇兑等
同济银号	1902年	5000	存放款、汇兑等
裕兴钱庄	1907年	1000	存放款、汇兑等
乾和钱庄	1911年	300	存放款、汇兑等
通县农工银行	1915年	200000	存放款、汇兑等

资料来源：卓宣谋：《京兆通县农工银行十年史》，大慈商店1927年版，第182页。

从表5-2可以发现，1915年通县农工银行成立时，通县还有万丰等四家钱庄银号，资本金在300元到5000元不等。虽然规模不大，但数量较多。通县的银行有中国银行和交通银行的兑换处，但它们并不办理存放款业务，实质上银行的功能没有完全体现。通县农工银行是通县唯一的银行。这一情况说明，通县的金融机构中，数量上以钱庄银号为主，规模上仍以通县农工银行为最大，两者共同构成了当时通县金融业的核心力量。

20世纪二三十年代以后，新式银行业逐渐兴起，一些区域的钱庄票号等开始没落。在江浙等经济较发达地区，钱庄票号等传统金融机构数量繁多，有的甚至超过银行的数量，而且具有一定的实力。除了县银行和国家行局的分支机构外，江苏无锡县还有汇源银号、增大钱庄、复元钱庄、德丰钱庄等8家钱庄银号，浙江永嘉县还有和昌成记钱庄等36家钱庄。① 以永嘉县为例，银行类金融机构情况如表5-3所示：

表5-3　　1947年浙江永嘉县银行类金融机构情况统计

单位：万元法币

名称	资本额	设立时间	名称	资本额	设立时间
中央银行分行	—	1943年2月	中国银行支行	—	1914年9月
交通银行支行	—	—	中央信托局简储处	—	—
中国农民银行办事处	—	—	邮政储金汇业局办事处	—	—
中国实业银行支行	—	1933年12月	浙江省银行分行	—	1933年3月
瓯海实业银行	6000.00	1923年3月	温州商业银行	3000.00	1935年7月
永嘉县银行	200.00	1944年5月	汇大钱庄	500.00	1941年2月
诚大钱庄	3000.00	1935年4月	益达利钱庄	500.00	1941年6月
信孚钱庄	2000.00	1941年9月	国泰钱庄	500.00	1941年10月
富隆钱庄	2000.00	1941年10月	德隆钱庄	500.00	1941年10月
濂昌钱庄	2000.00	1925年2月	敦大钱庄	500.00	1941年10月
咸孚钱庄	2000.00	1927年2月	胜瓯钱庄	500.00	1943年2月
鼎渊义记钱庄	1200.00	1930年1月	裕泰久记钱庄	400.00	1936年
和昌成记钱庄	1000.00	1912年1月	信瓯钱庄	300.00	1937年10月
洪元钱庄	1000.00	1915年1月	厚康承记钱庄	200.00	1933年7月
永丰钱庄	1000.00	1926年2月	信裕钱庄	200.00	1941年3月
华胜嘉记钱庄	1000.00	1935年2月	润余安记钱庄	140.00	1935年2月
阜成钱庄	1000.00	1941年2月	同昶钱庄	54.00	1940年1月
益谦钱庄	1000.00	1941年2月	聚康昇记钱庄	50.00	1931年1月
顺源钱庄	970.00	1939年	隆泰钱庄	50.00	1932年2月
余丰钱庄	600.00	1917年2月	钜康钱庄	50.00	1941年3月
瑞康钱庄	500.00	1931年1月	永康钱庄	20.00	1940年10月
元大恒记钱庄	500.00	1939年4月	裕丰钱庄	—	—

---

① 中央银行稽核处编：《全国金融机构一览》1947年版，第155、175页。

续表

名称	资本额	设立时间	名称	资本额	设立时间
益大钱庄	500.00	1940年4月	裕华久记钱庄	—	—
惠大钱庄	500.00	1941年2月			

资料来源：中央银行稽核处编：《全国金融机构一览》1947年版，第155—178页。

从表5-3可见，浙江省永嘉县有资本数据的银行类金融机构中，瓯海实业银行资本为6000万元，温州商业银行资本3000万元，34家钱庄的资本合计26234万元，钱庄平均资本为771.59万元，而永嘉县银行资本额仅为200万元。可见，银行和钱庄的平均资本额都高于永嘉县银行。从单个银行类金融机构看，仅有润余安记等6家钱庄资本额低于县银行。永嘉县银行资本实力明显弱于其他县域银行类金融机构。

那么，其他县域是否具有类似的情况呢？可以从更大的范围来考察一下。从全国有县银行的省份中，各选取了一个县，列出该县的县域金融机构数量情况如表5-4所示：

表5-4　1947年全国部分地区县域银行类金融机构数量分类统计

单位：家

所在地区	四行两局一库	县银行及其他商业银行	钱庄票号	合计
江苏无锡	4	12	8	24
浙江永嘉	6	5	36	47
江西赣县	6	6	0	12
湖北宜昌	4	6	5	15
湖南衡阳	5	7	0	12
四川内江	3	22	12	37
西康西昌	1	7	0	8

◇ 中国县银行结构及绩效研究(1915—1949)

续表

所在地区	四行两局一库	县银行及其他商业银行	钱庄票号	合计
福建龙溪	4	3	0	7
广东兴宁	4	2	0	6
广西桂林	6	5	0	11
云南曲靖	4	4	0	8
贵州遵义	4	4	0	8
河南许昌	6	2	0	8
陕西宝鸡	6	8	1	15
甘肃天水	6	6	0	12

资料来源：中央银行稽核处编：《全国金融机构一览》1947 年版，第 155、175、212、223、233、246、294、301、311、321、332、337、350、377、389 页。

根据表 5-4 所列的县域金融机构数量情况，可以发现上述 15 个县都有"四行两局一库"和包括县银行在内的商业银行等县域机构，这反映了全国县域银行类金融机构的基本情况，但不同区域之间县域银行类金融机构的具体情况有所差别。归纳起来，县银行与其他县域银行类金融机构的分布，主要有以下几个方面的特点：

一是在大部分地区，县银行与"四行两局一库"的中国农民银行、邮政储金汇业局和合作金库并存。在国民政府的统一部署下，"四行两局一库"的分支机构是为数不多的县域金融机构，部分地区甚至是唯一的一类金融机构。在经济落后地区，普通商业银行并不多见，钱庄等传统金融机构实力弱，政府主导的金融机构成为县域银行业的绝对核心。江苏省大部分有县银行的县份，其他金融机构仅有农民银行的分行；河南省大部分省份仅有县银行和县合作金库，如河南泌阳、新安、新郑、临颍等县；贵州省兴义县仅有兴义县银行和贵州银行兴义办事处，习水县仅有县银行和县合作金库。中国农民银行经营的存款、农业放款、汇兑业务，邮政储金汇业局经营的存款和汇兑业务，县合作金库经营的农业放款和汇兑业务等，都与县银行大致相同。

二是区域性银行的县域分支机构也是除县银行以外常见的县域金融机构。这里所指的区域性银行主要有两类，一类是省银行，包括本省和外省的省银行。省银行的业务范围与一般商业银行并无差异。省银行的经营区域除了在本省之外，往往还会将分支机构拓展到周边省份。比如湖北汉口有湖北省银行、四川省银行、广东省银行，贵州贵阳有贵州省银行、湖南省银行、广东省银行、广西省银行，陕西西安有陕西省银行、西康省银行、河北省银行、河南省银行、甘肃省银行、山西省银行、绥远省银行。[①] 还有一类是民营中小型区域性银行。比较典型的有南三行北四行，以及各省的民营银行，如四川美丰银行、云南兴文银行、江西裕民银行等。

二 县银行的行业绩效分析

县银行的竞争力直接影响县银行在县域银行业的绩效。根据内容的不同，银行竞争力可以分为价格竞争力和非价格竞争力，并最终影响银行的市场占有率。下面，围绕价格竞争力、非价格竞争力和市场占有率，分析县银行在县域银行业的绩效情况。

（一）县银行的价格竞争力分析

价格竞争是银行间竞争的主要表现形式，包括银行存放款利率以及其他金融服务的价格差异。这当中首先涉及的一个关键点是县银行及其他银行是否拥有存放款的自主定价权，也就是说县银行及其他县域银行类金融机构是否存在利率管制。这一点会直接影响县银行的价格竞争。

我们先来考察县银行及其他县域银行的利率政策。1915 年的《农工银行条例》、1931 年的《银行法》、1940 年的《县银行法》以及 1945 年的《省银行条例》等法律法规都没有有关银行利率的条款。在有相关条款的法规中，1934 年颁布的《储蓄银行法》仅对

[①] 中央银行稽核处编：《全国金融机构一览》1947 年版，第 139 页。

定期存款的最高利率提出了大致要求，"应由所在地银行业同业公会或同业斟酌情形决议限制，呈请财政部核准备案"。① 1947年《银行法》第三十条也有类似的规定，"银行各种存款及放款之最高利率，由所在地银钱业、信托业同业公会会同当地中央银行议定"。② 1946年颁布的《银行存放款利率管理条例》中，也仅要求银行存款利率不得超过放款利率。"四行两局一库"的章程条例也没有发现对存放款利率的明确规定。综上所述，纵观民国时期的金融政策，由于地方经济发展不平衡、地方政府控制力和银行性质的差异等因素，北洋政府时期和南京政府时期，中央政府对银行存放款利率只有大致的要求，没有做出"一刀切"的具体规定。县银行及其他县域银行的存放利率政策，一般由银行所在地的银行业同业组织，结合各地金融市场的资金供求状况，共同商定存放款的最高利率。具体实行的利率标准，由各银行自行决定，即拥有一定程度的存放款利率自主定价权。

县银行及其他县域银行在最高限定的利率范围内，结合当地市场利率水平，根据自身的利益需要，确定银行的存放款利率标准。以四川省遂宁县为例，该县各类金融机构的利率情况如表5-5所示：

表5-5　　　　　1944年遂宁县各类金融机构存款利率表

金融机构名称	活期利率（月息）		定期存款利率（月息）				
	甲种	乙种	一月期	两月期	三月期	半年期	一年期
中国银行	六厘	七厘	—	—	—	九厘	一分
中国农民银行	六厘	七厘	—	—	—	九厘	一分
遂宁县银行	七厘	八厘	一分六	一分八	两分	两分四	三分

---

① 中国人民银行江苏省分行、江苏省金融志编委会：《中华民国金融法规档案资料选编》，档案出版社1989年版，第581页。

② 中国人民银行江苏省分行、江苏省金融志编委会：《中华民国金融法规档案资料选编》，档案出版社1989年版，第745页。

第五章 近代中国县银行绩效及其变迁

续表

金融机构名称	活期利率（月息）		定期存款利率（月息）				
	甲种	乙种	一月期	两月期	三月期	半年期	一年期
和成银行	八厘	一分	两分	两分二	两分四	两分六	三分
巴川银行	九厘	一分	一分五	两分	两分五	三分	—
四川省银行	九厘	一分	两分四	—	两分六	两分八	三分
重庆银行	一分	一分	两分一	两分三	两分四	两分五	两分六
川康平民商业银行	一分	一分二	两分三	两分四	两分六	三分	三分六
美丰银行	一分	一分二	两分四	两分六	三分	三分五	四分
聚兴诚银行	一分	一分二	两分五	两分八	三分	三分五	四分
涪泰银号	一分	一分二	两分五	三分	三分五	四分	—
大夏银行	一分	一分二	三分	三分二	三分四	三分六	四分
遂宁县平均利率	八厘八	一分	一分九	两分五	两分七	两分七	两分九

资料来源：冯名书：《三十三年遂宁经济动态》，《四川经济（季刊）》1945年第2卷第2期。

从表5-5可以发现，1944年四川省遂宁县有包括银行、银号在内的金融机构12家。遂宁县银行的活期存款利率为甲种活期存款月息七厘、乙种活期存款月息八厘，在12家银行中仅高于中国银行和中国农民银行遂宁分支机构的存款利率，低于聚兴诚银行等9家银行。遂宁县银行一年期定期存款利率为月息三分，与四川省银行、和成银行持平，但低于大夏银行等4家银行。仅从存款利率角度，遂宁县银行无论是活期存款利率还是定期存款利率，整体存款利率低于该县金融机构的平均水平。

四川省茂县县银行也有类似的情况。1944年7—12月，茂县境内有四川省银行、茂县县银行和茂县合作金库三家金融机构，它们的活期存款月利率分别为一分、一分和六厘。茂县县银行与四川省银行存款利率相同。[①]

[①] 周泽亨：《三十三年茂县经济动态》，《四川经济（季刊）》1945年第2卷第2期。

不仅在四川省如此，其他地区县银行存款利率也不占优势。比如1948年以前，湖北省的县银行存款利率普遍低于市场利率。①

综合上述情况，县银行在县域金融机构中并不具有明显的价格竞争优势。价格竞争导致的县银行等县域金融机构发生风险的现象时有发生。1947年，四川省犍为县各金融机构为吸收存款，竞相提高利率，导致"犍为县中城镇合作社倒闭，县银行及其他各社发生挤兑，业务停顿，金融紊乱"。在此情况下，由县政府联合各部门临时组成县金融救济委员会，监察清算，提供保证品，并向四川省银行申请贷款救助，挤兑风潮才得以解决。②

从上述情况看，县银行在存款、放款等方面的核心业务价格竞争力不足，处于价格竞争劣势。

（二）县银行的非价格竞争力分析

非价格竞争，又称价值竞争，是运用价格以外的方式，与竞争对象的产品相区别，并使之具备差别优势的竞争。根据《新帕尔格雷夫经济学大辞典》，市场中的竞争存在多种方式，价格竞争不是唯一的方式，非价格竞争的方式包括通过广告等加强销售，产品特异性、改善产品质量、销售服务等，不收费或以低价供应的其他商品或服务。③银行的非价格竞争主要包括产品多样化程度，品牌知名度，分支机构设置等。围绕以上三点分析县银行的非价格竞争力情况：

一是银行产品多样化程度。产品多样化直接影响着金融机构是否有能力满足消费者的需求。在竞争激烈的地区，金融产品种类和差异性是银行非价格竞争力的重要内容。一些金融机构提供少量专业化的产品，还有一些则提供不同的产品来吸引业务交叉的客户。

---

① 金东：《20世纪40年代县银行存贷款业务论析》，《宁夏大学学报》2010年第9期。
② 《四川省政府公报》1947年第668期。
③ ［英］约翰·伊特韦尔、［美］默里·米尔盖特、彼得·纽曼：《新帕尔格雷夫经济学大辞典》，经济科学出版社1996年版，第723页。

第五章
近代中国县银行绩效及其变迁

近代中国的县域金融机构品种多样，专业金融机构有典当铺、质押铺、票号、保险公司、信托公司等，业务覆盖面较大的金融机构主要有钱庄、银号以及各类新式银行。就银行而言，根据1915年《农工银行条例》和1940年《县银行法》，县银行所提供的主要金融产品和服务有：存款、放款和汇兑，以及票据承兑、贴现，代收各种款项，代理发行公司债券和农业债券，仓库服务和保管贵重物品、有价证券等十余项。

《县银行法》授予县银行代理县市以下公库职责，以配合国民政府新县制的实施。县银行与县政府订立契约"县地方总预算范围内的一切收入及预算外收入，均由县行代理，银行对于所收之现金及到期票据证券应用存款方式存管。存管方式分为收入总存款、各普通经费存款、各特种基金存款三类，并规定了各类存款的计息方式和支出方式等"。《县银行法》所规定的代理公库及政府收入的特权，形成了事实上的法律壁垒，使得其他金融机构无法获得来自政府的公库资金及其所带来的收益，为县银行提供了一定的垄断优势。除此之外，在众多的县域金融机构中，县银行所经营的内容依然是存放款、汇兑及押汇等一般银行业务，与其他金融机构业务并无不同。对比可以发现，县银行和其他商业银行的业务范围基本一致，即县银行金融产品和服务的多样化程度与新式银行保持一致，高于传统金融机构和新式专业金融机构。

二是银行品牌知名度。和普通企业一样，品牌知名度也是银行的核心竞争力之一。同等情况下，银行的品牌知名度越大，对客户的吸引力越大，在竞争中越占据优势和主动，甚至一定程度上可以弥补价格竞争的劣势。影响品牌知名度的因素主要包括：资金实力、信用程度等方面。下面，围绕这两个方面，对县银行及其他县域金融机构进行分析。资金实力方面，对比县银行和其他银行的《农工银行条例》、《县银行法》和《银行法》等相关法律法规发现，同样采用股份有限公司形式，普通商业银行资本金最低要求为50万元，农工银行要求为10万元，县银行要求仅为5万元。县银

— 147 —

行的资本金是各类银行中要求最低的,其整体资力也是最弱的。"钱庄的组织形式与商业银行基本相同,按股份有限公司登记注册。大钱庄甚至比小银行规模还大。"① 县银行比中小钱庄的资力规模大,但不及大型钱庄。

信用程度方面,按照信用等级的不同,可以将县域金融机构划分为三类,第一类是政府金融机构,即由政府出资参与或控制的金融机构,县银行与国家银行、省银行同属于这一类银行,由于体现了政府信用,属于信用等级较高的金融机构。第二类是全国性或区域性的商业银行或钱庄票号,这类银行往往有民间实业家或银行家出资,资金实力较强,规模较大,分支机构覆盖面较广,因此信用等级也比较高。第三类是私营中小金融机构,这类金融机构如中小银行、小型钱庄票号等,没有以上两类金融机构的优势,信用程度也较低。因此,县银行虽然不具有"四行两局一库"那样的核心地位,省地方银行和商业银行的层次、规模等,但是由于是县市地方政府出资的官商合办银行,在县域金融机构中,县银行的信用程度还是较高的。

三是银行分支机构设置。一般而言,银行分支机构数量越多,对客户的吸引力越大,能够为客户提供更加便利的服务,银行的竞争力也越强。在缺乏现代信息技术的情况下,近代银行的主要业务——存放款和汇兑业务,都十分依赖银行网点的设置。银行分支机构的多少是客户选择银行的重要考量因素。先看县银行在县域内的分支机构设置情况,从《中国县银行年鉴》等统计资料看,全国大部分县银行仅设置有个别办事处,且仅限于所在县域的城区或乡镇。以全国县银行数量最多的四川省为例,1945年年底四川省共有县银行133家,其中以下县银行设有分支机构如表5-6所示:

从表5-6中可以发现,1945年四川省133家县银行中,有69

---

① 安徽省地方志编纂委员会:《安徽省志·金融志》,方志出版社1999年版,第68页。

家设有分支机构，占全省总数的 51.88%。统计表 5-6 中 69 家县银行分支机构数量，分支机构一个的有 18 家县银行，两个的有 18 家县银行，3 个的有 11 家县银行，4 个的有 9 家县银行，5 个的有 8 家县银行，6—10 个的有 4 家县银行，17 个的有 1 家县银行。分支机构在 2 家及以下的县银行占有分支机构县银行的 52.17%，占全省县银行总数的 27.07%。四川省的县银行数量远远多于其他省份，县银行分支机构的数量应高于全国县银行分支机构设置的平均数量，从全国范围来看，设分支机构的县银行数量更少。也就是说，大部分县银行在县内并未设立分支机构，还有一些县银行设立分支机构的，数量也大多在一个至两个。四川省银行分支机构设置情况是，1935 年四川省银行成立后，按照省政府要求和业务发展需要，逐年分批增设分支机构，在省内各市县共成立分行、支行和办事处 109 个。[①] 对比四川省的县银行与四川省银行分支机构设置情况可见，在县域范围内，县银行与其他金融机构的分支机构数量相当，没有明显的数量优势。

表 5-6　　1945 年四川省县银行分支机构设置情况

县银行地	县银行分支机构地点	县银行地	县银行分支机构地点
成都县	三河桥	双流县	彭镇
简阳县	石桥镇	井研县	周坡乡
永川县	松溉镇	南溪县	李庄
江安县	梅花镇	珙县	洛表
长宁县	安宁桥	叙永县	护国镇
酉阳县	龙潭	开县	温泉
梁山县	屏锦乡	邻水县	幺滩
南充县	龙门	盐亭县	金孔
江油县	中坝	青川县	青溪
灌县	石羊乡、太平乡	江北县	洛碛、水土镇

---

① 姜宏业：《中国地方银行史》，湖南出版社 1991 年版，第 204 页。

续表

县银行地	县银行分支机构地点	县银行地	县银行分支机构地点
犍为县	桥滩、清溪	古宋县	太平桥、共和场
涪陵县	李渡、阁市	彭水县	江口、郁山
武胜县	沿口、烈面溪	遂宁	桂花、栏江
中江县	苍山、龙台	乐至县	童家、回澜
绵竹县	尊道、富新	德阳县	黄浒、孝泉
什邡县	第二区、第三区	梓橦县	复兴、元华
彰明县	太平、青莲	理县	威州、兴隆
重庆市	上清寺、夫子池	自贡市	大坟堡、贡井
温江县	苏坡桥、舒家渡、刘家濠	綦江县	东溪、蒲河、三江
新都县	马家、复兴、弥牟镇	郫县	犀浦、永宁、花园乡
璧山县	来凤驿、正兴、八塘	南川县	万盛、南坪、大观
万县	分水、滚渡、龙驹	射洪县	城厢、柳树、泽溪
金堂县	赵镇、淮口、竹篙	广汉县	三水、连山、高骈
宣汉县	黄土、胡苏、南坝	蓬溪县	蓬莱、蓬南、河边、任隆
彭县	攀阳、新兴、殷平、隆丰乡	荣县	程家、五宝、双石、青山乡
铜梁县	安居、平滩、旧县、虎峰	洪雅县	柳江、止戈、罗坝、三宝
营山县	小桥、回龙、老林、双河	苍溪县	元坝、东溪、龙山、文昌宫
宜宾县	白花乡、横江、熊溪、观音	泸县	蓝田坝、弥陀场、玄滩、兆雅
南部县	盘龙、东坝、河坝、王家、新政	三台县	芦溪、观音、安居、三合、富顺
沐川县	大楠、丹坝、利店、屈堡、荣丁	隆昌县	胡家、龙市、石燕、谊食、界石
资阳县	忠义乡、南津驿、保和乡、伍隍场、丹山镇	江津县	白沙、仁沱、朱沱、五福、油溪镇
合川县	大河坝、小河溪、云门镇、龙市镇、铜溪镇	合江县	白沙、榕岭、福宝、先市、佛荫
秀山县	洪安、梅江、龙池、宋龙、石郸、清溪	渠县	三江、涌兴、站边、少愚、清溪、有庆、临巴
崇庆县	怀远、王家场、羊马场、廖家场、安敦、道明、三江镇	巴县	鱼洞溪、木洞、铜罐驿、人和、白市驿、跳石、南泉、马王坪

第五章
近代中国县银行绩效及其变迁

续表

县银行地	县银行分支机构地点
岳池县	魏梓、坪滩、顾乡、勾角、龙孔、和溪、新尘、阳和、大石、城区、骑龙、清石、石垭、西板、富龙、高兴、文兴

资料来源：四川省地方志编纂委员会：《四川省志·金融志》，四川辞书出版社1996年版，第36—41页。

县域以外的分支机构数量方面，县银行处于明显的劣势。《农工银行条例》和《县银行法》都规定县银行一般不得设立分支机构，营业区域一般以一县境为范围，即县银行在县域以外，没有分支机构。与县银行显著不同的是，其他县域金融机构的分支机构不局限于所在的县。它们可以根据自身发展需要自行开设，县域以外分支机构对汇兑业务是十分有利的。根据1947年3月的统计，在总部处于四川的商业银行中，亚西实业银行有分支机构17个，和成银行有分支机构28个，川康平民商业银行有分支机构30个，聚兴诚银行有分支机构34个，美丰银行有分支机构37个。[①] 因此，在县域范围以外，县银行分支机构数量处于明显的竞争劣势。

（三）县银行的市场占有率情况

县银行在县域银行业的市场占有率，与所在县域银行业的发达程度密切相关。县银行对县域银行业的绩效可以用县银行的市场占有率来衡量，市场占有率越高对县域银行业的影响越大。在县域银行类金融机构数量较多、银行业较发达的县份，县银行的主营业务规模较小，所占比重较低，影响力较弱。反之，在县域银行类金融机构数量较少、银行业不发达的县份，县银行在县域银行业中具有较强的影响力。

农工银行时期，县域银行业并不发达，包括县银行在内的县域

[①]《川籍商业银行基本情况表（1947年3月）》，四川省地方志编纂委员会：《四川省志·金融志》，第66—68页。

银行类金融机构数量较少。如1915年通县农工银行成立时，通县只有中国银行和交通银行设立的货币兑换所，但并不经办存放款业务。真正经办存放款、汇兑的银行只有通县农工银行一家。除此以外，传统金融机构只有4家钱庄银号，规模都较小，资本金最多的有5000元，最少的仅有300元。[①] 而此时，通县农工银行的资本金为20万元。虽然没有这些钱庄的业务数据，但从资本金和存放款规模可以推断，通县农工银行的业务规模应该是通县金融机构中最大的，对通县金融业的影响也应该是最强的。

1940年以后，县银行自身业务和规模都得到了一定程度的发展，那么它在整个县域金融业当中是否具备了一定的影响力呢？我们来看看在金融机构数量较多，竞争较为激烈的县份，县银行及其他银行类金融机构的业务规模和市场占有率。以四川省遂宁县为例，如表5-7所示：

表5-7　　　　　1944年遂宁县金融机构资本、
　　　　　　　存放款及汇兑规模及比重　　单位：万元法币;%

金融机构名称	资本或运营金		存款		放款		汇兑	
	金额	占比	金额	占比	金额	占比	金额	占比
中国银行	1000	35.51	900	10.01	0	0	7700	22.46
重庆银行	1000	35.51	400	4.45	2500	18.34	4300	12.54
遂宁县银行	500	17.76	100	1.11	1700	12.47	430	1.25
涪泰银号	100	3.55	21	0.23	100	0.73	500	1.46
四川省银行	70	2.49	4300	47.83	2400	17.61	2900	8.46
中国农民银行	50	1.78	1800	20.02	2500	18.34	4600	13.41
和成银行	27	0.96	400	4.45	1100	8.07	1800	5.25
聚兴诚银行	25	0.89	290	3.23	1000	7.34	4340	12.66
美丰银行	20	0.71	200	2.22	410	3.01	3300	9.62

---

① 卓宣谋：《京兆通县农工银行十年史》，大慈商店1927年版，第182页。

续表

金融机构名称	资本或运营金		存款		放款		汇兑	
	金额	占比	金额	占比	金额	占比	金额	占比
大夏银行	10	0.36	170	1.89	510	3.74	2300	6.71
川康平民银行	9	0.32	140	1.56	1100	8.07	1400	4.08
巴川银行	5	0.18	270	3.00	310	2.27	720	2.10
合计	2816	100	8991	100	13630	100	34290	100

注：1."资本或营运金"一栏，金融机构总部在遂宁县的为资本，分支机构的为营运金。存款、放款、汇兑均为每月平均余额，其中汇兑包括汇入和汇出。2.由于四舍五入的原因，合计有可能不等于100%；下同。

资料来源：冯名书：《三十三年遂宁经济动态》，《四川经济（季刊）》1945年第2卷第2期。

从表5-7可见，1944年遂宁县共有各类金融机构12家，属于金融机构数量较多，竞争较激烈的县份。从资本或运营资金看，遂宁县银行的资本为500万元，占全县金融机构总资本的17.76%，仅次于中国银行遂宁支行和重庆银行遂宁支行，甚至超过了中国农民银行和四川省银行的分支机构，居于遂宁县第3位。再看，遂宁县银行的平均月度存款余额、放款余额和汇兑业务规模，存款为100万元，占全县存款总额的1.11%，放款为1700万元，占全县放款总额的12.47%，汇兑为430万元，占全县汇兑总额的1.25%，三者业务比重分别位于全县金融机构的第11位、第4位、第12位。与资本规模和比重相比，县银行的存放款和汇兑业务均没有达到相应的规模，特别是存款业务和汇兑业务处于全县倒数第2位和第1位。

我们再来看看在金融机构数量较少县份，县银行在县域金融业中所处位置。以四川省仁寿县为例，如表5-8所示：

表 5-8　　　　1944 年仁寿县金融机构存放款及
　　　　　　　汇兑规模及比重　　单位：万元法币；%

机构名称	存款 金额	存款 占比	放款 金额	放款 占比	汇兑 金额	汇兑 占比
四川省银行	6392.12	56.38	2338	81.52	5350.24	95.36
仁寿县银行	4641.08	40.93	447	15.59	0	0
仁寿县合作金库	304.83	2.69	82.88	2.89	260.55	4.64
合计	11338.03	100.00	2867.88	100.00	5610.79	100.00

注：存款、放款、汇兑均为全年总额，其中汇兑包括汇入和汇出。
资料来源：宋兆麟：《三十三年仁寿经济动态》，《四川经济（季刊）》1945 年第 2 卷第 2 期。

从表 5-8 可见，1944 年仁寿县仅有 3 家金融机构，属于金融机构数量较少的县份。从存款余额、放款余额和汇兑业务规模看，仁寿县银行全年存款为 4641.08 万元，占全县存款总额的 40.93%，放款为 447 万元，占全县放款总额的 15.59%，没有汇兑业务。仁寿县银行的存放款业务规模低于四川省银行的仁寿县分行，高于县合作金库，居于全县第 2 位。由于没有与县域以外银行建立汇兑网络，仁寿县银行没有开展汇兑业务。

综合遂宁和仁寿两个县的情况看，县银行在县域银行业中的绩效与所在区域密切相关，在县域银行业不发达的县份，县银行具有较强的影响力。在县域银行业较发达的县份，县银行的影响力较弱。

第三节　县银行微观绩效分析

一　县银行经营绩效

管理学家德鲁克认为，"评价公司绩效的首要标准是其实现目标和生产产品以获取最大收益的能力"。[1] 通常意义上，狭义的绩效

---

[1] 彼得·F. 德鲁克：《公司的概念》，上海人民出版社 2002 年版，第 18 页。

概念就是指经营绩效，其中资产收益率是最常见的指标。资产收益率越高，说明银行的经济效率越高，经营绩效越高。下面，重点考察县银行的资产收益率情况。

1915—1932年，全国共成立33家县银行。根据有关统计资料，将其中15家县银行的资产收益率汇总如表5-9所示：

表5-9　　　　　1932年全国部分县银行资产收益率　　　单位：元；%

县银行名称	纯益	资产总额	资产收益率
通县农工银行	-562.75	258245.7	-0.22
嘉兴地方农民银行	133.03	1202975.97	0.01
绍兴县农工银行	176.04	323752.22	0.05
嵊新商业银行	141.48	230406.18	0.06
莆田实业银行	1318.39	385869.20	0.34
余姚县农民银行	1242.89	122814.02	1.01
瓯海实业银行	13970.78	1307573.76	1.07
松江典业银行	21276.38	1852405.05	1.15
江丰农工银行	24950.96	2096102.88	1.19
太仓银行	12898.28	950461.74	1.36
瞿县地方农民银行	4419.64	280312.55	1.58
徐州国民银行	31246.46	1686970.34	1.85
莆仙农工银行	6572.23	354453.86	1.85
嵊县农工银行	20586.84	992187.77	2.07
龙游地方银行	8412.10	269727.41	3.12

资料来源：中国银行总管理处经济研究室编：《全国银行年鉴》1934年版，第B63、B154、B189、B235、B250、B257、B262、B264、B304、B306、B323、B328、B333、B335、B339页。

从表5-9可见，上述15家县银行中，通县农工银行的资产收益率为-0.22%，是当中最低的。主要是由该行当年收不抵支，净利润为负所导致。资产收益率最高的是龙游地方银行，为3.12%。除了龙游地方银行和嵊县农工银行以外，其余13家县银行资产收益率都低于2%,15家县银行的平均资产收益率仅为1.1%。

以通县农工银行为例,从更长时段考察县银行的资产收益率情况如表5-10所示:

表5-10　　1916—1926年通县农工银行历年资产收益率　单位:元;%

年份	纯益	资产总额	资产收益率
1916	650.37	200650.37	0.32
1917	3579.90	205588.57	1.74
1918	7562.78	220255.61	3.43
1919	8089.55	239464.01	3.38
1920	9059.33	235058.27	3.85
1921	5555.66	231385.34	2.40
1922	10048.19	243738.58	4.12
1923	7289.31	251767.35	2.90
1924	8208.41	230332.63	3.56
1925	4996.62	221743.83	2.25
1926	6376.40	223858.33	2.85

资料来源:卓宣谋:《京兆通县农工银行十年史》,大慈商店1927年版,第145页。

从表5-10可以发现,1916—1918年,通县农工银行的纯益逐年增长,且高于资产的增幅,因此,其间的资产收益率也呈逐年上升的走势。1919年开始,由于纯益的大幅波动和资产总额的起伏,资产收益率也随之波动。

综上所述,在农工银行时期的县银行,其资产收益率无论是整体水平和单个银行都处于较低的水平,说明这一时期县银行的经营绩效较差。

再考察1940年《县银行法》颁布之后,县银行的资产收益率情况是否发生了较大变化呢?本书选取了17个省的20家县银行作为代表,基本覆盖全国各省份,县银行的资产收益率状况如表5-11所示:

第五章
近代中国县银行绩效及其变迁

表5-11　　　　1947年全国部分县银行资产收益率

单位：万元法币；%

县市银行名称	所在省份	利润	资产总额	资产收益率
巴县县银行	四川	2916.13	320731.50	0.91
荣昌县银行	四川	2613.00	165524.00	1.58
龙岩县银行	福建	1784.78	72914.92	2.45
无锡县银行	江苏	12004.00	479892.00	2.50
大同县银行	山西	4886.00	155490.00	3.14
上虞县银行	浙江	5683.62	168545.14	3.37
昆山县银行	江苏	10870.00	261672.00	4.15
桂林市银行	广西	6125.00	146653.00	4.18
遵义县银行	贵州	1177.51	20301.95	5.80
内江县银行	四川	2541.00	35000.00	7.26
长沙市银行	湖南	52796.00	385242.00	13.70
宿县县银行	安徽	64139.00	403940.00	15.88
河源县银行	广东	661.10	3400.00	19.44
新淦县银行	江西	7589.00	29400.00	25.81
庐江县银行	安徽	5560.00	19000.00	29.26
泾川县银行	甘肃	15107.88	47488.29	31.81
蒙自县银行	云南	925.00	2888.00	32.03
西乡县银行	陕西	46865.00	142648.00	32.85
通山县银行	湖北	3000.00	2674.00	112.19
洛阳县银行	河南	51233.96	10000.00	512.34

资料来源：王沿津：《中国县银行年鉴》，文海出版社1948年版，第45、46、70、74、75、81、87、94、95、100、102、107、113、117、119、122、127、130、140、166页。

从表5-11可以看出，以上20家县银行资产收益率差异极大，最低的巴县县银行仅为0.91%，最高的洛阳县银行高达512.34%，两者相差563倍。资产收益率在10%以下的有10家，占20家县银行的50%，10%—35%的有8家，占20家县银行的40%，考虑到通山县银行和洛阳县银行超过了100%，对均值偏差影响大，因此仅计算占总数90%的前18家县银行的均值，其平均资产收益率为11.81%。

综上所述，1932—1947年，县银行平均资产收益率涨幅超过10倍。这反映了县银行整体经营绩效的改善和提高。县银行经营绩效的大幅转变的主要原因是什么？归纳起来主要有以下几点：

一是政府支持力度的变化。北洋政府时期，军阀混战导致政局动荡，虽然颁布了《农工银行条例》，但政府始终有心无力，依靠自身力量县银行的各项业务发展缓慢。南京国民政府成立后，随着政府垄断金融体系建立，以及战时金融体制的深化，县银行得到了来自政府的政策、资金等多个方面前所未有的支持。政策上，颁布《县银行法》等系列法律法规，使得县银行在县域金融机构中占据了一定的政策优势。资金上，县银行获得代理县级政府公库的特权，县级政府机构的资金结算也都交由县银行办理，促进了县银行存放款业务的开展。这是县银行经营绩效提高的主要原因。

二是县银行经营策略的转变。这种经营策略的转变主要表现在放款用途的变化。早期县银行无论是县农工银行，还是县农民银行，放款主要用于农工业。如1915—1927年通县农工银行的放款，农林牧渔放款占88.65%，工业放款仅占9.80%。进入20世纪40年代后，特别是通货膨胀出现以后，出于利润和风险因素的考虑，大部分县银行不再将资金使用周期较长、风险较大的农工业作为放款的主要对象，而是将放款资金投向商业贸易领域，由于资金使用周期较短，不仅风险小而且利润较高，船小好调头的优势在此时得到体现。如1948年，湖北省县银行放款中，日用重要物品运销占66.97%，外贸产品运销占12.24%，农工矿生产占19.12%。

二 县银行的组织绩效

县银行的单一银行制度绩效。《农工银行条例》和《县银行法》对县银行分支机构设置的要求基本一致，县银行原则上以某一县为营业区，不得跨区经营，营业区内只设一家银行，不设分支行，即实行单一银行制度。显然，这是有别于中国近代银行常用的总分行

第五章
近代中国县银行绩效及其变迁

制。根据县银行的实际,对其组织绩效做如下分析:

(一) 有利于降低管理成本,提升管理效率

与总分行制不同的是,单一银行制更加适合规模较小的银行。县银行作为小型银行,一方面,便于收集掌握一手的经济金融信息,为银行和地方政府决策提供支持。"县银行为吾国基层金融机构,散布全国各省,各行分别从事经济调查,最为适宜。"① 另一方面,县银行按照一县一行的原则设置。根据统计资料显示,大部分县银行只有一家营业点,少数县银行在所在县域范围内的乡镇设立了办事处。从管理效率考量,层级越少,机构越精简,银行的管理成本越低,管理效率越高。从管理绩效看,单一制银行对县银行是适用的。

(二) 有利于降低营业成本,但限制了业务拓展

在近代县域经济尚不发达,不设或少设分支机构,有利于降低县银行的营业成本。"县银行之组织规模既小,而其营业区域又狭,则其分支行或办事处虽散布于各乡镇,相距里程不远,彼此接近,且以营业总量较少,则其组织制度当以采用集中办理制为宜。"② 而且单一银行制避免了县银行之间的竞争,一定程度上有利于提升银行经营绩效。另外,由于缺乏县域以外的分支机构,无法开拓县域以外的市场,各县域经济和资源要素禀赋的差异会对县银行的经营绩效产生直接影响。此外,县银行的汇兑业务也因分支机构的缺乏受到不同程度的负面影响。

(三) 官商合资的融资结构对银行组织绩效产生重要影响

县银行是官商合资的商业银行,其股权融资结构决定了银行所有权和经营权的关系,也决定了县银行组织运行效率。从股权结构上看,从农工银行开始,各县银行一直由官商共同出资设立,即使在增资过程中,这一结构也并未发生变化。各县银行的官商出资比例在不同时期不同地域有所差异,但是县地方政府对县银行的影响

---

① 王沿津:《中国县银行年鉴》,文海出版社1948年版,第3页。
② 彭俊义:《县银行之我见》,《湖南省银行(半月刊)》1941年第2卷第6期。

始终存在,且在实际运行中发挥着主导作用。首先,《县银行法》出台的原因之一就是,设立县银行以配合新县制实施,即满足县地方政府设立县库的需求。"县银行受县政府控制,难保县政府因地方财政困难,利用县银行资金以为周转,至于利用职权地位调用县银行资金,借用贷款搞商业投机等更是难免。"其次,地方政府及其官员直接影响县银行。比如在管理决策、业务发展等各个方面,地方政府和官股董事在县银行中的影响都是不容忽视的,有些地方甚至是决定性的。"省财政厅握有管理县银行实权,凡是银行人员的训练、委派、调迁等均由财政厅主持决定,人事调度频繁,完全与政府行政机关相同。"[①]

因此,县银行单一银行制度的外部组织结构,虽然有一些不足,但总体上是适合当时县域经济状况的,对县银行发展起到了较好的积极作用。县银行官商合资的股权结构下的现代银行管理架构,表面上看是较为科学的,但在实际操作中出现了不少走形变样的情况,并未达到预期的目的,影响了县银行管理和业务发展。

三 县银行的人员绩效

银行不仅是资本密集型企业,更是人才密集型企业。银行员工数量的多少、素质的高低,与银行的整体绩效紧密联系。围绕数量和质量这一核心问题,分析县银行员工的绩效:

(一)县银行人员数量不足

县银行的人才问题,实际上比资本问题更加重要而且不易解决。从人才需求数量上分析,按照县银行组织架构和通常的工作人员配备,不考虑兼职的董事一般应配备经理1人、副经理1人、常驻监察1人,总务科、会计科、出纳科、业务科、县库五个部门负责人及工作人员,按照每个部门4人计算,各类管理和专业人员23人,此外普通工勤人员和警卫人员按照4人计算,每家县银行员工至少需要27人,如果设立了办事处,那么所需工作人员更多。实际情况

---

① 屈秉基:《抗日战争时期的陕西金融业》,《陕西财经学院学报》1985年第3期。

第五章
近代中国县银行绩效及其变迁

是,大部分县银行普遍存在不同程度的员工数量不足问题。

为了满足县银行筹设和发展需要,吸纳人才工作是县银行的重要工作内容之一。1921年,全国农工银行事务局成立农工银行讲习所,但全国各省推荐以及社会各类人员报名200余人,最后毕业的仅有108人。1935年,江津农工银行员工总数为21人,棠香农村银行员工总数为10人,金堂农民银行员工总数为6人,垫江农村银行员工总数为7人。[①] 银行员工的极度缺乏也是这一时期县银行缓慢发展的重要原因之一。

1940年以后,县银行数量大为增加,人员需求缺口十分巨大。陕西、湖北、河南等省自行组织培训。各县银行"经理、会计、业务人员问题的解决亦复不易。……但此种专门人才,在银行事业蓬勃发展的当时,大量罗织尤属困难"。[②] 为此,陕西省开设金融训练班为省内县银行培训专门人才,先后举办四期,共培训各类人员270余人赴各县银行任职,但全省共60余家县银行,最终平均每家县银行不过4人,远不能满足县银行的人才需求。其他地区的县银行员工数量又是怎样呢?为保持一致性,仍以前面经营绩效分析时选取的、17个省的20家县银行为例,了解全国县银行员工数量情况如表5-12所示:

表5-12　　　　　1947年全国部分县银行员工数量

县市银行名称	省份	人数	县市银行名称	省份	人数
河源县银行	广东	5	庐江县银行	安徽	16
泾川县银行	甘肃	5	内江县银行	四川	21
通山县银行	湖北	6	桂林市银行	广西	23
新淦县银行	江西	7	长沙市银行	湖南	25
龙岩县银行	福建	11	宿县县银行	安徽	26

---

① 四川省地方志编纂委员会:《四川省志·金融志》,四川辞书出版社1996年版,第42页。

② 屈秉基:《抗日战争时期的陕西金融业》,《陕西财经学院学报》1985年第3期。

◇ 中国县银行结构及绩效研究（1915—1949）

续表

县市银行名称	省份	人数	县市银行名称	省份	人数
荣昌县银行	四川	12	无锡县银行	江苏	30
遵义县银行	贵州	13	上虞县银行	浙江	30
洛阳县银行	河南	13	大同县银行	山西	31
西乡县银行	陕西	15	巴县县银行	四川	50
蒙自县银行	云南	16	昆山县银行	江苏	52

资料来源：王沿津：《中国县银行年鉴》，文海出版社1948年版，第45、46、70、74、75、81、87、94、95、100、102、107、113、117、119、122、127、130、140、166页。

根据前面计算的县银行员工基本人数27人为标准，表5-12中的20家县银行，员工数量在27人以下的有15家，占县银行数量的75%，只有5家县银行达到了员工人数基本需求。其中有员工达到50人的四川巴县县银行，设有办事处8个，据此情况，银行员工数量其实并不充裕。因此，即使在县银行发展较快的时期，人员短缺问题仍未得到解决。

（二）行员素质整体不高

县银行员工不仅仅数量方面不够，而且银行人员素质整体不高，也是困扰县银行的一大问题。"县银行限于一隅，发展有限，优秀人才多不愿栖身。"[①] 1946年，吴承禧在《论县银行制度》中写道，"县银行因业务复杂，举凡工商业金融之理论与技术非懂不可，且系具有办事经验，以及操守苦干的精神。如此全才实难罗致"。[②] 从人员结构上看，虽然有一部分县银行经理具有一定的金融业从业或管理经验，但是一些政府官员甚至军官直接担任县银行高层管理人员的也并不少见，县银行高管假公济私、损公肥私事件时有发生。1934年，"余姚县农民银行前经理杨天绶，因办事不力，藉公营私，

---

① 刘善初：《论省银行与县银行》，《银行周报汇编》1947年第31卷第47期。
② 吴承禧：《论县银行制度》，《经济周报》1947年第5卷第2期。

第五章
近代中国县银行绩效及其变迁

以致该行业务未见效率。现建设厅为改进该行业务,俾利农民起见,经饬余姚县长将杨天绶撤职"。① 1947年,国立四川大学邛崃同学会集体举报邛崃县银行经理苏耀宗的罪状:贩枪贩烟,破坏法纪;囤积食米,抬高物价;自提库存,贪污营私。②

(三)银行普通员工的素质堪忧

由于银行层级和薪酬待遇等原因,县银行难以引进有丰富经验的优秀员工。通过其他各类培训进入县银行的人员,名义上经过培训,但实际上培训时间仅有一个月到三个月不等,如此短的时间内,无法保证人员的知识储备和培训质量。1934年,浙江省财政厅、建设厅组织开办县农民银行职员训练班,学习时间为三个半月。1941年,陕西省组织开办金融训练班,为全省培训县银行人才,培训时间三个月。1946年11月,东北行辕经济委员会成立"县级经济干部人员训练所",金融班是县银行干部训练班,培训时间仅有一个月。还有一个渠道是接收商科学校毕业生。浙江省财政厅、教育厅等主管政府部门指出,为解决银行人才需求及毕业生就业,下文给杭县农工银行等官股银行及政府财政机关,要求从省立甲种商业学校中选择"成绩优美之各次本科毕业生分往银行及财政机关任用",从乙种商业学校、商业补习学校中选拔部分成绩前列的毕业生"送往各官股银行派充职务,以资鼓励"。③但实际情况是,优秀毕业生首选国家银行和省银行,进入县银行的寥寥无几。

本章小结

本章在前面银行结构分析的基础上,进一步对县银行的绩效进

---

① 《浙江合作》1934年第20期。
② 国立四川大学邛崃同学会:《揭发县银行经理苏耀宗违法事实》,《崃风》1947年第7期。
③ 《训令:浙江地方实业银行、杭县农工银行酌量任用商校毕业生文》,《浙江财政月刊》1919年第26期。

行研究。主要内容如下:

第一,县银行的宏观绩效。主要从县银行对县域经济金融业的绩效和县银行对新县制建设、战时经济金融政策等落实情况及其效果,考察县银行的宏观经济绩效和宏观政治绩效。宏观经济绩效方面,通过考察县银行的存款、放款和汇兑业务在县域金融业的比重,发现在县域金融机构数量较多的县份,县银行在县域金融业的影响力较弱。在县域金融机构数量较少、金融业不发达的县份,县银行在县域金融业中具有较强的影响力。县银行对县域金融机构的影响主要体现在对传统金融机构的制度性冲击,加快了县域金融机构的近代化进程。宏观政治绩效方面,在国民政府新县制改革、战时金融网络布局、战后地方经济恢复等方面,落实政府政策的能力不断增强,政治效应逐渐显现。

第二,县银行的中观绩效。主要从县银行与县域银行业的构成、县银行的行业竞争力和市场占有率,分析县银行的行业绩效情况。从县银行所在的县域银行类金融机构入手,了解不同时期县域银行业中银行机构的构成情况。在此基础上,围绕价格竞争力和非价格竞争力两个重点,分析县银行的行业竞争力和市场占有率。通过分别考察县银行及其他县域金融机构的利率政策和利率水平,得出县银行在县域金融机构中,不具有价格竞争优势的结论。县银行的非价格竞争主要包括产品多样化程度,品牌知名度,分支机构设置。通过分析表明,在县域金融机构中,县银行金融产品和服务的多样化程度与新式银行保持一致,优于传统金融机构和新式专业金融机构。县银行的信用和品牌知名度较高,但分支机构数量较少,处于竞争劣势。

第三,县银行的微观绩效。主要从经营绩效、组织绩效、人员绩效三个方面,分析县银行的微观绩效。经营绩效方面,分析县银行的资产收益率等财务指标,资产收益率越高,说明银行经济效率越高,经营绩效越高。分析表明,农工银行时期的县银行,其资产收益率无论是整体水平和单个银行都处于较低的水平,经营绩效较差。进入 20 世纪 40 年代，县银行资产收益率有所上升，经营绩效得到改善。组织绩效方面，县银行单一银行制度的外部组织结构，虽然有一些不足，但总体上是适合当时县域经济状况的，对县银行发展起到了较好的积极作用。县银行官商合资的股权结构下的现代银行管理架构，表面上看是较为科学的，但在实际操作中出现了不少走形变样的情况，并未达到预期的目的，影响了县银行管理和业务发展。行员绩效方面，由于县银行人员数量不足，行员素质整体不高，导致行员绩效较低。

第六章 结论与启示

第一节 结 论

近代中国县银行经历了从少到多，从慢到快，从无序到有序的曲折发展过程。通过对近代中国县银行的发展脉络的梳理、结构和绩效的归纳与总结，得出如下结论。

一 近代中国县银行治理结构的核心是官股与商股的关系

官股和商股的关系对县银行的股权结构、组织结构和激励约束机制都产生重要影响，是县银行治理结构的核心所在。

官商合资是县银行股权结构的主要特征。县银行股权结构在不同时期、不同地域之间，官股与商股股东持股比例有所差异和变化。县银行总体表现为商股为主、官股为次。1915—1940年，县农工银行的官股比例低于商股，县农民银行等其他县银行的官股、商股比例在不同区域也各有高低；1940年以后，大部分县银行的官股比例低于商股。实际上，官股在官商股权结构中占据着主导地位，而且在后期官股的主导作用愈发凸显。县银行大多由政府作为主要发起人，甚至先行垫资设立，官股对县银行的实际影响力大于商股。尤其20世纪40年代以后，在政府金融垄断体制下，官股地位不断凸显。

第六章
结论与启示

官办商营是县银行组织结构的突出特点。县银行分为外部组织结构和内部组织结构。政府及相关法令要求县银行的外部组织结构，使用单一制银行，即不设立分支机构，不允许跨区域经营。县银行的内部组织结构则采用商业化经营的方式，实行股份公司制。县银行设立决策机构、监督机构、执行机构三类内部组织机构。决策机构由股东会和董事会组成，监督机构由监察人组成，执行机构包括经营管理层和职能部门。

县银行激励约束机制也反映官商的差异。县银行激励约束机制分为行政性激励约束机制、市场性激励约束机制。县银行的行政性激励约束机制主要表现在：以政府任命为主的行政性官股高管选拔机制，官本位的官股高管用人机制，以及银行经营管理人员职务变动和收入分配的行政性激励约束机制。县银行的市场性激励约束机制主要有：根据市场化的商股高管选拔、用人机制，银行高管的市场化权力激励约束机制等。行政化和市场性的激励约束机制现象的背后，实质是县银行治理结构官商差异的外在表现。

二 近代中国县银行业务结构的重心由市场化业务到政策性业务的转变

近代中国县银行的业务结构分为政策性业务和市场化业务。县银行前期以市场化业务为主，20世纪40年代以后政策性业务比重迅速增加，政策性存款业务表现尤为突出。

1915年县农工银行成立后，在资金、业务等各个方面都没有获得政府强有力的支持，为数不多的县银行各项业务主要以市场化的商业性业务为主，政策性存放款业务极少。县银行存款主要来自个人和普通商业存款，放款主要是对商业、手工业、农林牧渔等小额商业性放款。虽然这一时期县银行以市场化业务为主，但是由于县域经济环境和县银行自身的原因，县银行市场化业务规模小、业务发展迟缓。

20世纪40年代以后，由于政府政策环境和经济环境的变化，县银行业务结构也随之发生重大变化，政策性业务快速增加。政策性存款业务包括公库存款和政府机构存款两大部分。县银行在独家代理县公库之后,获得了免息的县公库存款。再加上政府机构存款,以及后期通货膨胀因素导致商业性存款的下降,政策性存款成为县银行存款的主要来源。不同地区的县银行政策性存款业务发展并不一致。经济落后地区与经济较发达地区相比,政策性存款在县银行总存款中的比重更高。在一些经济欠发达的地区,政策性存款是县银行最大的存款资金来源,公库透支等政策性放款所占比重也更高。这说明了在欠发达地区县银行对政策性业务的依赖程度更深。

三 近代中国县银行绩效水平有限的根源是核心竞争力不足

银行的核心竞争力,是银行与竞争对手而言所具备的竞争优势与核心能力。根据县银行作为地方性小型商业银行的实际,县银行的核心竞争力是在县域范围内以银行治理和业务能力为基础的,银行定位、品牌、产品和服务差异化竞争能力的集中体现。县银行核心竞争力不足主要表现在:

一是县银行定位模糊,始终在政策性银行和小型商业银行的定位中摇摆不定。银行的市场定位由银行性质所决定。虽然《农工银行条例》和《县银行法》对县银行有大致的定位,即扶助地方农工业经济发展的区域性小型银行,但是实际上县银行在政策性银行和小型商业银行的定位不稳定。地方政府实际主导县银行的发展,县银行业务主要依赖政策性业务,落实政府的有关政策,这与政策性银行较为相似。同时,多数县银行不愿意也无力承担长期性的农田水利等基础设施建设贷款,而以短期性的利润相对较高且风险较小的工商业贷款为主,这种追求利润最大化和风险最小化的方式,似乎与普通商业银行无异。县银行摇摆不定的定位,容易导致银行业务经营管理的混乱,并最终影响银行的竞争能力。

二是品牌、产品差异化程度低,竞争优势不突出。在县域金融机构中,县银行所经营的内容与其他金融机构业务基本一致,都是存放款、汇兑及押汇等普通银行业务。除代理县公库这一独家业务之外，县银行与其他县域金融机构的业务呈现高度同质化。甚至时任国民政府财政部主管县银行的沈长泰也认为："一县之内有国家银行之分支机构，有省银行之分支行处，或合作金库之分支库，而各县又设立县银行，业务又大略相同，不无重休叠屋之嫌。"① 县银行既没有处于"四行两局一库"那样的核心地位，也没有各省银行和商业银行的规模和影响。而与其规模、营业区域相近的合作金库，成立时间早、起步快，在1940年《县银行法》公布时全国的县合作金库已达369家，而且有中国农民银行为之支持。

因此，县银行核心竞争力不足，一方面导致银行经营绩效、治理绩效和业务绩效水平有限。短期内可以依靠政府的帮助和干预，使得县银行得以立足和初步发展；另一方面，县银行对政府依赖如同饮鸩止渴，长期依赖反过来会进一步削弱县银行的独立性和核心竞争力，影响县银行的整体绩效水平。

四 近代中国县银行发展由诱致性变迁到强制性变迁的转变

民国时期县银行发展经历了两个阶段，第一个阶段是1915—1940年，始于农工银行，以自发的诱致性变迁为主。北洋政府时期，中国的金融制度属于自由市场型。② 政府作用小是自由市场型金融制度的重要特征之一。由于政府控制力不强，近代中国县银行以自由发展的诱致性变迁为主。进入20世纪20年代以后，社会环境日益恶劣，农村经济持续恶化，有限的资金不断外流，县域金融资源越发紧张。在长达25年时间里，县银行既缺乏肥沃的县域经济土壤，又没有强有力的政府扶持。仅仅依靠自身微薄的力量，县银行发展缓慢甚至一度停滞。大部分县银行在生存线上挣扎，对极度困难的农村经济和县域经济发展没有发挥出应有的作用，诱致性变迁归于失败。

第二个阶段是1940—1949年，始于《县银行法》，以政府主导

---

① 沈长泰：《省县银行》，大东书局1948年版，第66页。
② 杜恂诚：《中国近代两种金融制度的比较》，《中国社会科学》2000年第2期。

的强制性变迁为主。进入20世纪40年代后,在南京国民政府构建的政府垄断金融体系下,县银行被赋予了配合新县制实施、参与构建地方金融网络和财税体系的政治使命,代理县公库、调剂地方金融和扶助经济建设的经济使命,以及巩固抗战大后方经济基础的军事使命等。在中央和地方政府强力的推动下,县银行数量迅速增加,分布区域快速扩大,整体实力迅速增强,得到了前所未有的发展。与前一个阶段相比,这一时期县银行的发展过程,表现出明显的政府主导的强制性变迁特征。

第二节 启示

经济史学家吴承明先生认为:"任何社会经济都是在一定的机制下运行的,否则不能持久。……有些运行规律是共同的,有些可互相参照。"[①] 近年来,我国区域性中小金融机构纷纷涌现。而近代中国县银行与目前的村镇银行等区域性农村中小存款类金融机构有诸多相似之处:市场定位都是地方性中小银行,注册资本要求和业务规模都低于普通商业银行,股权结构和治理结构基本一致等。因此,研究近代中国县银行史对于指导当前地方中小银行和县域银行业的改革发展,仍有较强的现实意义。

一 地方中小银行发展需要厘清政府与银行的关系

纵观近代中国县银行的发展历程,政府与银行是一条贯穿始终的主线,它紧密联系着县银行的兴衰变迁。北洋政府时期,中央和地方政府无力顾及地方中小银行的发展,在贫瘠的县域经济中,县银行依靠自身的力量无法扎根。南京政府时期,在政府金融垄断体制形成的过程中,国民政府加强对县银行的扶持,这是县银行后期得以发展的主要原因之一。

[①] 吴承明:《经济学理论与经济史研究》,《经济研究》1995年第4期。

第六章
结论与启示

银行与政府关系，是地方中小银行面前十分复杂的问题，也是影响地方中小银行长期发展的重要外部因素。一方面，与大型银行相比，地方中小银行由于在规模、品牌等方面处于弱势地位，容易遭受不公平竞争，需要地方政府的支持；另一方面，地方政府具有政治与经济利益的双重性，即政治上需要贯彻落实中央和上级政府宏观政策，经济上需要条款维护地方经济金融的平衡和发展，以获得更多的经济效益，还需要坚持党风廉政建设，预防腐败情况的发生。地方中小银行往往受到地方政府的直接影响，因此，处理好银行与政府关系，对当今的地方中小银行也极为重要。可以考虑从以下几个方面着手：

（一）构建适合地方中小银行的监管机制

近代中国县银行缺乏完整的监管机制。《农工银行条例》照搬国外的银行制度，正如近代中国金融学者吴承禧所说，"实际上这些银行的创设，乃是一种盲目式的模仿政策"，"当时中国是否有设立这些银行的必要，这些银行既设之后，又是否能够持久不败，他们是未尝顾及而加以深长考虑的"。[1] 县银行的监管制度也是如此。县银行的监管权限在财政部，中央银行成立后虽有一定的银行管理职能，但不占主导地位。

构建央行、银保监会、地方政府共同参与的地方银行综合监管机制，是促进地方银行发展、防范系统性金融风险的客观要求，也是构筑党风廉政建设的重要制度性安排。目前，地方银行数量快速增加、种类空前，原有的以银保监会及其派出机构为主的监管已经难以适应金融形势的需要。地方银行的监管体制应该结合地方银行地域属性，即地方银行由于区域条件的差异，需要监管机构因时因地制宜监管。也就是说，需要在对地方银行的监管过程中，应明确监管部门与地方银行之间的监理、扶持与被监理、被扶持之间的适当关系。在原则统一的基础上，将更多的权限下放给地方，由地方

---

[1] 吴承禧：《中国的银行》，商务印书馆1934年版，第5页。

的监管分支机构、央行等监管机构和地方政府形成综合监管的合力,根据实际情况,制定各地方银行的具体监管措施。

(二) 调整地方政府对地方中小银行的角色定位

地方政府具备经济人的一般特征,即追求效用的最大化。地方政府通过对金融机构的控制,来实现对金融资源的掌控。经历三十多年曲折发展的近代中国县银行,县地方政府直接参与银行的经营管理,获取更大的经济利益,难以平衡好金融市场主体和地方政府管理者之间的关系。

近年来,地方政府不同程度地存在直接或间接对城市商业银行、村镇银行等地方中小银行干预和控制的行为。相比较国有大型银行和全国性股份制商业银行,地方中小银行与地方政府有着千丝万缕的联系,更容易受到地方政府的影响或控制。正是由于自身利益的影响,地方政府在有意或无意中偏离应有的公共服务职能。

地方政府应该将规范地方金融市场,优化地方金融生态环境作为自己的角色定位。首先,需要引入有益于银行发展的战略投资者,逐步减少地方政府直接持有股权的比重,减少对中小银行的控制。其次,对于地方中小银行,地方政府应加快所有权和经营权的分离,进一步明确地方政府对中小银行所有权职能目标、委托代理机制、绩效考核。最后,地方政府需增强所有权、监督权和行业促进职能的协同性,努力加强金融制度建设、消除金融行业壁垒,构建良好的公平竞争格局。

(三) 突出地方中小银行独立主体地位

近代中国县银行的经营、管理和财务人事等重要事项通常被县地方政府牢牢把控,难以独立运营。一种情况是地方中小银行被动地受地方政府控制。比如1927年广州市银行成立时,广州市政府财政局对银行资本、人事安排、营业范围和规章制度全权负责。丧失独立市场主体地位的广州市银行,实际上扮演了市财政外库的角色,成为地方政府附属的金融机构。另一种情况是地方中小银行主动受地方银行影响或主导。这主要是因为县银行自身实力弱小,希望通过依靠地方政府获得发展，银行独立性逐渐减弱，最终丧失了独立发展的能力。比如近代一些县银行由于获得专门代理县财政公库的地位，可以获得免息资金，缺乏市场开拓的动力，导致银行竞争力不足。

目前，县银行、村镇银行等地方中小银行作为股份制商业银行，应该作为独立的市场机构，在业务经营、战略决策等各个方面都反映出独立性。但在地方中小银行实际运行过程中，独立性并未完全得到落实，容易受到地方政府的影响甚至控制。地方中小银行应该认真汲取近代县银行独立性较弱所带来的经验教训，正确处理好与政府的关系，需要积极争取各级政府对银行的政策扶持和经济扶持，为银行发展扫清外部障碍。更为重要的是，需要清醒地认识地方中小银行不是隶属于地方政府，摆脱"等靠要"的依赖思想，依靠自身的努力探索来获得银行的长期可持续发展。

二 地方中小银行发展需要构建合理的治理结构

（一）探索完善银行多元化股权结构

产权理论的核心就在于通过合理的产权安排来降低或消除经济运行中的交易费用。科学合理的股权结构有利于银行降低交易费用，完善公司治理，提升银行绩效。地方中小银行治理结构普遍存在的问题是，地方政府通过股权直接或间接控制银行。近代中国县银行是官商合资性质，地方政府直接持有县银行股权。本书的研究中发现，虽然政府所持有的股份比例多少有所不同，但实际上对县银行有绝对的控制力。目前的相关研究也表明，地方政府实际控制的城市商业银行、农村商业银行等地方中小型银行，其公司治理落后于其他银行。因此，地方中小银行的发展需要改变地方政府一股独大或实际控制的现状，建立多元化股权。一方面，引入民间资本，降低地方政府过高的股权比例。为避免股权高度集中对地方中小银行公司治理等方面的种种负面影响，效仿国有企业实施的混合所有制改革的思路，以官退民进的方式降低地方政府所持有的股权。另一方面，建立起相对集中的多元化股权结构，防止银行股权从过度集中走向过度分散。产权过度分散容易出现产权约束弱化、管理层内部人控制等问题。相对集中的多元化股权结构，有利于银行不同股东之间相互约束与制衡，提升治理绩效。

（二）因地制宜选择合适的银行组织结构

近代中国县银行实行单一银行制，大多数只有一家营业机构，少数在县域内设立了办事处。从历史情况看，近代中国县银行实行单一银行制利大于弊，单一银行制更适用于经济欠发达地区的规模较小、营业区域比较集中的小型银行。从2007年至今发展迅速的村镇银行看，大部分村镇银行分支机构数量不多，虽然它的分支机构名为支行，但是实际上更符合广义的单一银行制范畴。根据县银行和村镇银行的实施情况看，单一银行制适用于地方中小型银行，尤其是地方小型银行。一些村镇银行是由地方小额贷款公司为基础成立的，如果选择总分行制，对缺乏多层次机构管理经验的村镇银行管理者来说，可能会导致管理成本提高和绩效下降。当前发达的网络信息技术为银行服务带来了便利，可以有效帮助控制营业网点的数量，降低营业成本，更有利于地方小型银行。

实行单一银行制有利有弊，优势是银行没有或极少有分支机构，规模不大，经营灵活，外部边界清晰，能更好地融入本地经济。单一银行制也有其缺陷，即县域金融机构的业务区域局限于所在县，由于我国县域经济发展严重不平衡，县域经济竞争力差异较大，许多县域经济适应经济周期变化的能力较弱，一旦县域经济发展出现问题，则县域金融机构的经营将陷入困境。一般而言，单一银行制的银行都是小银行，由于资力有限，难以取得范围经济的经营效果，至于是否会取得规模经济的经营效果，则要看其选择的经营规模是否带来收益的增加。总之，单一银行制的银行不能像总分行制的银行那样通过系统内部的资金调拨和不同区域分支机构业务结构的调整来规避风险，做到"西方不亮东方亮"。

因此，地方中型银行可以根据地域大小、业务量多少等实际情况，结合管理成本和效益情况，选择实行单一银行制或总分行制。

实行单一银行制的地方中小银行也需要扬长避短。一方面，央行、监管部门和地方政府应该制定相应的机制，调节好因为地方经济的差异所带来的发展不平衡；另一方面，需要实行单一银行制度的地方中小银行，通过搭建同业组织，以增加抵御风险和应对危机的能力，也有助于化解系统系金融风险。

三 地方中小银行需要明确服务地方的发展战略

（一）践行小而优发展定位

银行定位是指银行根据自身特点，对核心业务或产品、主要客户群以及主要竞争区域的确定，实现银行资源的最优配置和充分利用。与大型银行不同的是，地方中小银行并不是以规模化取胜。因此，地方中小银行不是求大求全，而是求小求优。在资本规模数量有限的情况下，地方中小银行过度增加业务和机构规模、扩大经营范围和市场覆盖面，会迅速积累风险，危及银行安全。1947年12月至1948年3月，福建省建瓯县银行共发出银行本票20亿元，是银行资本金2000万元的100倍，不仅极大影响了银行声誉，而且造成游资充斥，地方金融紊乱。[①] 在地方中小银行发展初期，一般表现为资产、存贷款等各项业务规模的快速上升。仍以村镇银行为例。2007年村镇银行出现之后，在短短数年的时间内各项指标迅速增长。根据中国银保监会公布的数据统计，截至2019年年末，全国已组建村镇银行1637家，资产总额1.69万亿元，覆盖全国31个省份的1306个县（市、旗），县域覆盖率达70%。[②] 各类地方中小银行在经历初期的规模化发展之后，必须要把资产质量、发展速度、盈利能力和市场竞争力的协同作为重点，从外延式增长转变为内涵式增长，真正做到小而优，才能实现银行长期可持续发展。

（二）扎根服务地方经济

为实体经济服务是金融的出发点和落脚点。地方中小银行必须

[①] 福建省地方志编纂委员会：《福建省志·金融志》，新华出版社1996年版，第160页。

[②] 数据来源：中国银保监会网站，http://www.cbirc.gov.cn。

要通过服务地方经济社会发展，尤其是县域经济特点和资源禀赋，来实现银行的自我价值和社会价值。从近代中国县银行的发展情况看，各地县银行所推出金融产品种类和服务与地方经济联系不大，产品和服务与其他银行同质化严重，一方面地方经济发展未能获得相应的特色化金融服务，另一方面由于县银行在利率水平、资本规模和品牌影响力等方面甚至处于劣势，县银行自身绩效也受到了影响。从近代中国县银行的发展教训中可以发现，地方中小银行的发展要根据自身的战略定位，扎根地方经济，才能实现自身发展。比如农商行、村镇银行应该立足县域乡镇农村，社区银行应该立足城镇社区，真正从所服务地方或区域出发，充分挖掘和掌握本地服务对象的相关信息，减少信息不对称情况，发挥好地缘优势。同时，要在深入掌握本地特色的产品、服务、行业、领域等基础上，研究地方经济在金融领域的难点痛点，推出符合市场需求的金融产品和服务，有效提升金融服务县域经济和乡村振兴的能力。

（三）紧抓中小微服务对象

中小微客户具有存贷资金量小、业务频率高，单位利润低、成本高的特点，大型银行往往不愿将他们列为主要客户和发展重点，由此引发了市场普遍存在中小企业融资贵、融资难问题。中小微客户正是地方中小银行的主要服务对象和发展机遇。1947年11月，贵阳市银行面向个体工商业者，专门推出名为"小本低利贷款"的小额优惠贷款，单笔总额限定在法币10万元以内，贷款期限不超过一个月，利率比普通贷款低，推出之后受到欢迎。[①] 村镇银行、农商行等地方中小银行应该将中小微客户作为重点服务对象。银保监会公开数据显示，截至2019年年末，全国村镇银行的农户和小微企业贷款余额占比在90%以上，户均贷款余额33.4万元。2020年肆虐全球的新冠肺炎疫情爆发后，小店经济、地摊经济引起了政府及

---

① 贵州金融学会、贵州钱币学会、中国人民银行贵州省分行金融研究所编：《贵州金融货币史论丛》，《银行与经济》编辑部1989年版，第152页。

社会各界前所未有的重视,部分农商行等地方中小银行率先推出"地摊贷"等金融产品和服务,缓解了小微客户群体的金融需求。因此,地方中小银行应该因地制宜地为中小微客户提供更多金融产品和更优质的服务。比如村镇银行针对不同区域、季节和农产品的特点,灵活调整经营方向,及时推出服务三农的特色金融产品。社区银行可以充分利用现代网络信息技术,加大网络信息终端服务,既能节约客户时间,为客户提供更加快捷便利的金融服务,又可以降低中小微客户的服务成本。

参考文献

(一) 论文

程霖、何业嘉：《近代中国存款保证准备制度研究》，《财经研究》2015年第8期。

陈宏亮、兰日旭：《民国时期县银行发展及绩效探析——基于县银行法的考察》，《史学月刊》2017年第10期。

柴瑞娟：《银行商业特许经营：村镇银行主发起行制之替代路径选择》，《武汉大学学报》(哲学社会科学版) 2016年第4期。

丁芳伟：《国有银行的战略目标：组织结构与绩效》，博士学位论文，浙江工商大学，2013年。

杜恂诚：《清末民初形形色色的地方银行》，《银行家》2003年第8期。

杜恂诚：《全面抗战前省市立银行的扩张》，《社会科学》2015年第1期。

杜恂诚：《北洋政府时期华资银行业内部关系三个层面的考察》，《上海经济研究》1999年第5期。

杜恂诚：《中国近代两种金融制度的比较》，《中国社会科学》2000年第2期。

郭晓鸣、唐新：《村镇银行：探索中的创新与创新中的选择——基于全国首家村镇银行的实证分析》，《天府新论》2009年第2期。

何勤华：《法的国际化与本土化：以中国近代移植外国法实践为中心的思考》，《中国法学》2011年第4期。

华夏银行成都分行课题组:《村镇银行的经营模式与发展路径——对四川部分村镇银行的调研》,《西南金融》2015年第1期。

黄惠春、褚保金:《我国县域农村金融市场竞争度研究》,《金融研究》2011年第8期。

黄立人:《四联总处的产生、发展和衰亡》,《中国经济史研究》1991年第2期。

金东:《20世纪40年代县银行存贷款业务论析》,《宁夏大学学报》2010年第9期。

金东:《我国20世纪四十年代县银行资本考论》,《西南金融》2010年第5期。

李永伟:《宪政视角下的南京国民政府县银行制度史论——以规则变迁为中心》,《中南大学学报》(社会科学版)2013年第4期。

李婧:《中国近代银行组织法律制度研究(1897—1949)》,博士学位论文,华东政法大学,2009年。

刘国防:《我国单一银行制的实践研究》,《湖北社会科学》2010年第4期。

刘平:《近代中国银行监管制度研究(1897—1949)》,博士学位论文,复旦大学,2008年。

刘永祥:《20世纪30年代商业银行资金归农活动评述》,《社会科学家》2007年第5期。

刘志英:《抗战大后方金融网中的县银行建设》,《抗日战争研究》2012年第1期。

陆智强、熊德平:《金融发展水平、大股东持股比例与村镇银行投入资本》,《中国农村经济》2015年第3期。

马红霞:《美国单一银行制度的改革及其启示》,《世界经济与政治》1995年第1期。

马陵合:《地方银行在农村金融中的定位与作用——以民国时期安徽地方银行为例》,《中国农史》2010年第3期。

屈秉基：《抗日战争时期的陕西金融业》，《陕西财经学院学报》1984年第4期。

史继刚：《民国前期县地方银行的创设》，《四川师范大学学报》（社会科学版）1999年第1期。

史继刚：《县市银行与抗战时期的西南西北金融网建设》，《四川金融》1999年第2期。

史继刚：《论在抗战时期国民政府大力推广县市银行的原因》，《江西财经大学学报》2003年第3期。

时广东：《1905—1935：中国近代区域银行发展史研究——以聚兴诚银行、四川美丰银行为例》，博士学位论文，四川大学，2005年。

沈飞：《中国农工银行及其发行的纸币》，《收藏》2012年第3期。

孙建华：《民国时期县银行的变迁、缺陷及启示》，《经济研究导刊》2011年第7期。

谭兴民：《中国上市银行公司治理结构与治理绩效关系研究》，博士学位论文，重庆大学，2012年。

汪敬虞：《外国在华金融活动中的银行与银行团（1895—1927）》，《历史研究》1995年第3期。

王红曼：《四联总处与西南区域金融网络》，《中国社会经济史研究》2004年第4期。

王红曼：《抗战时期国民政府的银行监理体制探析》，《抗日战争研究》2010年第5期。

王红曼：《中国近代移植日本金融法之考察》，《近代史学刊》2015年第13期。

王修华、刘志远、杨刚：《村镇银行运行格局、发展偏差及应对策略》，《湖南大学学报》（社会科学版）2013年第1期。

王玉茹、燕红忠、付红：《近代中国新式银行业的发展与实力变化》，《金融研究》2009年第9期。

吴承明：《经济学理论与经济史研究》，《经济研究》1995年第4期。

伍野春、阮荣：《蒋介石与四联总处》，《民国档案》2001年第4期。

伍操：《战时国民政府金融法律制度研究（1937—1945）》，博士学位论文，西南政法大学，2011年。

萧山县支行金融志编写组：《民国时期的萧山县银行》，《浙江金融研究》1983年第1期。

许永峰：《20世纪二三十年代商资归农活动运作的特点》，《中国经济史研究》2012年第3期。

杨学锋：《中国商业银行经营绩效评价体系研究》，博士学位论文，华中科技大学，2006年。

杨亚琴：《旧中国地方银行的发展》，《上海金融》1997年第4期。

张朝晖：《试论抗战时期大后方金融网的构建路径及特点》，《抗日战争研究》2012年第2期。

赵亮：《我国县域银行业体系优化研究》，博士学位论文，河北大学，2012年。

赵尚梅等：《城市商业银行股权结构与绩效及作用机制研究》，《财贸经济》2012年第7期。

周顺兴、林乐芬：《银行业竞争提升了金融服务普惠性吗？——来自江苏省村镇银行的证据》，《产业经济研究》2015年第6期。

朱荫贵：《两次世界大战间的中国银行业》，《中国社会科学》2002年第6期。

祝继高等：《股权结构、信贷行为与银行绩效》，《金融研究》2012年第7期。

（二）著作

安徽省地方志编纂委员会：《安徽省志·金融志》，方志出版社

1999年版。

白钦先、马东海、刘刚：《中国中小商业银行发展模式研究》，中国金融出版社2010年版。

[美] 彼得·F. 德鲁克：《公司的概念》，上海人民出版社2002年版。

[英] 约翰·伊特韦尔、[美] 默里·米尔盖特、彼得·纽曼：《新帕尔格雷夫经济学大辞典》，经济科学出版社1996年版。

[英] 约翰·伊特韦尔、[美] 默里·米尔盖特、彼得·纽曼：《新帕尔格雷夫货币金融大辞典》（第一卷），经济科学出版社2000年版。

[日] 城山智子：《大萧条时期的中国》，凤凰出版传媒集团、江苏人民出版社2010年版。

程霖：《中国近代银行制度建设思想研究（1859—1949）》，上海财经大学出版社1999年版。

道格拉斯·C. 诺斯：《制度、制度变迁与经济绩效》，格致出版社、上海生活·读书·新知三联书店、上海人民出版社2008年版。

狄超白：《中国经济年鉴》，太平洋经济研究社1947年版。

狄超白：《中国经济年鉴》，太平洋经济研究社1948年版。

杜恂诚：《金融制度变迁史的中外比较》，上海社会科学院出版社2004年版。

杜恂诚：《中国金融通史》（第三卷），中国金融出版社2002年版。

福建省地方志编纂委员会：《福建省志·金融志》，新华出版社1996年版。

高造都：《县银行实务论》，新金融出版社1944年版。

广东省地方志编纂委员会：《广东省志·金融志》，广东人民出版社1999年版。

广西壮族自治区地方志编纂委员会：《广西通志·金融志》，广西人民出版社 1994 年版。

广西银行总行经济研究室编印：《县市银行手册》，1944 年版。

贵州金融学会、贵州钱币学会、中国人民银行贵州省分行金融研究所编：《贵州金融货币史论丛》，《银行与经济》编辑部 1989 年版。

贵州省地方志编纂委员会：《贵州省志·金融志》，方志出版社 1998 年版。

郭荣生：《中国省银行史略》，文海出版社 1975 年版。

洪葭管：《中国金融通史》（第四卷），中国金融出版社 2008 年版。

湖北省地方志编纂委员会：《湖北省志·金融志》，湖北人民出版社 1993 年版。

湖南省地方志编纂委员会：《湖南省志·金融志》，湖南出版社 1995 年版。

黄冈县金融志编纂办公室编印：《黄冈县金融志（1882—1985）》，1987 年版。

黄鉴晖：《中国银行业史》，山西经济出版社 1994 年版。

姜宏业：《中国地方银行史》，湖南出版社 1991 年版。

江苏省地方志编纂委员会：《江苏省志·金融志》，江苏人民出版社 2001 年版。

江西省金融志编纂委员会：《江西省金融志》，黄山书社 1999 年版。

交通银行总管理处编印：《各国银行制度》，1943 年版。

金城银行：《金城银行创立二十周年纪念刊》，世界书局 1937 年版。

兰日旭：《中国金融现代化之路：以近代中国商业银行盈利性分析为中心》，商务印书馆 2005 年版。

兰日旭：《中国近代银行制度变迁及其绩效研究》，中国人民大学出版社 2013 年版。

李一翔：《近代银行与企业的关系（1895—1945）》，东大图书股份有限公司1997年版。

李一翔：《近代中国银行与钱庄关系研究》，学林出版社2005年版。

李一翔：《近代中国金融业的转型与成长》，中国社会科学出版社2008年版。

李振民：《陕西通史·民国卷》，陕西师范大学出版社1997年版。

梁启超：《饮冰室文集》，中华书局1989年版。

林和成：《中国农业金融》，中华书局1936年版。

刘慧宇：《中国中央银行（1928—1949）》，中国经济出版社1999年版。

刘永祥：《金城银行——中国近代民营银行的个案研究》，中国社会科学出版社2006年版。

刘平：《近代中国银行监管制度研究》，复旦大学出版社2008年版。

刘勇、尚文程、穆鸿声：《中国银行业产业组织研究》，上海财经大学出版社2009年版。

刘克祥、吴太昌：《中国近代经济史（1927—1937年）》，人民出版社2010年版。

刘志英、张朝晖等：《抗战大后方金融研究》，重庆出版社2014年版。

马亚：《结构视角透视中国商业银行竞争力》，中国财政经济出版社2008年版。

彭俊义：《县银行业务与会计》，大众印书馆1944年版。

彭雨新：《县地方财政》，商务印书馆1948年版。

千家驹、郭彦岗：《中国货币史纲要》，上海人民出版社1985年版。

千家驹：《中国农村经济论文集》，中华书局1936年版。

沈雷春：《中国金融年鉴（1939）》，中国金融年鉴社 1939 年版。

沈雷春：《中国金融年鉴（1947）》，中国金融年鉴社 1947 年版。

沈长泰：《省县银行》，大东书局 1948 年版。

陕西省财政厅：《陕西县银行服务人员手册》，1944 年版。

四川省地方志编纂委员会：《四川省志·金融志》，四川辞书出版社 1996 年版。

时广东：《近代中国区域银行发展史研究（1897—1937）：以聚兴诚银行、四川美丰银行为例》，四川人民出版社 2008 年版。

寿进文：《战时中国的银行业》，出版社不详，1944 年版。

孙建华：《近代中国金融发展与制度变迁（1840—1945）》，中国财政经济出版社 2008 年版。

孙宗宽：《中国中小商业银行发展战略研究》，中国金融出版社 2015 年版。

［美］托马斯·罗斯基：《战前中国经济的增长》，浙江大学出版社 2009 年版。

汪敬虞：《外国资本在近代中国的资本活动》，人民出版社 1983 年版。

汪敬虞：《中国近代经济史（1895—1927）》，人民出版社 2000 年版。

王赓唐、汤可可：《无锡近代经济史》，学苑出版社 1993 年版。

王强：《近代中国银行业资金运用研究》，中国政法大学出版社 2014 年版。

王沿津：《中国县银行年鉴》，文海出版社 1948 年版。

王志莘：《中国之储蓄银行史》，新华信托储蓄银行 1934 年版。

魏源：《海国图志》，岳麓书社 1998 年版。

吴承明：《市场·近代化·经济史论》，云南大学出版社 1996 年版。

吴承明:《经济史理论与实证:吴承明文集》,浙江大学出版社2012年版。

吴承禧:《中国的银行》,商务印书馆1934年版。

徐学禹、丘汉平:《地方银行概论》,福建省经济建设计划委员会1941年版。

夏东元:《盛宣怀年谱长编》,上海交通大学出版社2004年版。

薛念文:《上海商业储蓄银行研究》,中国文史出版社2005年版。

严中平:《中国近代经济史统计资料选辑》,科学出版社1955年版。

姚公振:《中国农业金融史》,中国文化服务社1947年版。

姚遂:《中国金融史》,高等教育出版社2007年版。

姚遂:《中国金融思想史》,上海交通大学出版社2012年版。

姚会元:《中国货币银行(1840—1952)》,武汉测绘科技大学出版社1993年版。

杨荫溥:《民国财政史》,中国财政经济出版社1985年版。

张东刚:《世界经济体制下的民国时期经济》,中国财政经济出版社2005年版。

张郁兰:《中国银行业发展史》,上海人民出版社1957年版。

浙江省金融志编纂委员会:《浙江省金融志》,浙江人民出版社2000年版。

政协西南地区文史资料协作会议:《抗战时期西南的金融》,西南师范大学出版社1994年版。

钟思远、刘基荣:《民国私营银行史(1911—1949)》,四川大学出版社1999年版。

中国通商银行:《五十年来之中国经济(1896—1947)》,文海出版社1947年版。

中国人民银行总行金融研究所金融历史研究室:《近代中国的金融市场》,中国金融出版社1989年版。

中国银行业监督管理委员会：《商业银行公司治理指引》，2013年版。

中国银行总管理处经济研究室：《全国银行年鉴》，1934年版。

中国银行总管理处经济研究室：《全国银行年鉴》，1935年版。

中国银行总管理处经济研究室：《全国银行年鉴》，1936年版。

中国银行总管理处经济研究室：《全国银行年鉴》，1937年版。

中央银行稽核处：《全国金融机构一览》，1947年版。

中央银行经济研究处：《金融法规大全》，商务印书馆1947年版。

中央银行经济研究处：《日本货币银行法规》，1934年版。

中央银行经济研究处：《中国农业金融概要》，商务印书馆1936年版。

朱斯煌：《民国经济史》，银行学会1948年版。

周葆銮：《中华银行史》，商务印书馆1918年版。

诸静：《金城银行放款与投资（1917—1937）》，复旦大学出版社2008年版。

卓宣谋：《京兆通县农工银行十年史》，大慈商店1927年版。

邹宗伊：《中国战时金融管制》，财政评论社1943年版。

（三）史料

《北平市银行章程》，《北平市市政公报》1936年第342期。

重庆市档案馆、重庆师范大学：《战时金融》，重庆出版社2014年版。

陈开夫：《县乡银行与中国农村经济》，《绸缪月刊》1936年第6期。

陈威：《县乡银行之必要及办法》，《中央周刊》1941年第34期。

《大宛农工银行十二年度营业报告》，《银行月刊》1924年第4卷第2期。

方振经：《论县银行》，《银行季刊》1941年第3—4期。

冯名书：《三十三年遂宁经济动态》，《四川经济》（季刊）1945年第2卷第2期。

傅文龄：《日本横滨正金银行在华活动史料》，中国金融出版社1992年版。

《广东省县银行章程》，《广东省政府公报》1933年第231期。

《广西各县农民银行章程》，《中央银行月报》1938年第7卷第7期。

贵州省档案馆藏贵阳市银行档案，档号：M57-1-33。

贵州省档案馆藏贵阳市银行档案，档号：M57-1-43。

贵州省档案馆藏贵州省财政厅档案，档号：M39-1-62。

贵州省档案馆藏贵州省财政厅档案，档号：M39-1-67。

郭荣生：《县银行之前瞻及其现状》，《中央银行经济汇报》1942年第6卷第7期。

郭荣生：《县乡银行与农业金融制度之建立》，《经济汇报》1941年第7期。

国立四川大学邛崃同学会：《揭发县银行经理苏耀宗违法事实》，《崃风》1947年第7期。

《海宁县农民银行存款细则》，《浙江省建设月刊》1931年第5卷第3期。

《海宁县农民银行放款细则》，《浙江省建设月刊》1934年第4卷第12期。

《杭县农工银行活期存款规则》，《浙江财政月刊》1919年第21期。

洪葭管：《中央银行史料（1928—1949）》，中国金融出版社2005年版。

何品、宣刚：《上海商业储蓄银行》，上海远东出版社2015年版。

《会员行调查之一——三台县银行》，《地方金融》1947年创刊号。

交通银行总行：《交通银行史料》，中国金融出版社 2000 年版。

《嘉兴县地方农民银行筹备处代理放款暂行规则》，《浙江省建设月刊》1932 年第 5 卷第 10 期。

《嘉兴县地方农民银行章程》，《浙江省建设月刊》1931 年第 4 卷第 67 期。

孔宪钟：《中国农业金融问题的探讨》，《浙江合作》1934 年第 31 期。

李蔚之：《发展我国农工银行之刍议》，《东吴》1933 年第 2 期。

李玉峰：《西康县银行现况及其前瞻》，《西康经济季刊》1944 年第 9 期。

刘峙：《农工银行之使命》，《河南政治》1933 年第 9 期。

刘善初：《论省银行与县银行》，《银行周报》1947 年第 31 卷第 47 期。

刘平：《稀见民国银行史料初编》，上海书店出版社 2014 年版。

马寅初：《创设农工银行之必要》，《晨报副刊》1922 年 11 月 1 日。

《农工银行讲习所第一期招生简章》，《政府公报》1921 年 12 月 21 日第 2092 号。

《农工银行讲习所章程》，《政府公报》1921 年 12 月 21 日第 2092 号。

彭俊义：《县银行之我见》，《湖南省银行半月刊》1941 年第 2 卷第 6 期。

瞿仲捷：《对于县乡银行之认识》，《中央银行经济汇报》1941 年第 9 期。

《三台县银行资产负债表（卅五年度）》，《地方金融》1947 年创刊号。

《陕行汇刊》1941 年第 5 卷第 8 期。

《四川经济》（季刊），1945 年第 2 卷第 2 期。

四川省档案馆藏四川省财政厅档案，档号：民 059 - 02 - 2156。
四川省档案馆藏四川省财政厅档案，档号：民 059 - 02 - 2584。
四川省档案馆藏四川省财政厅档案，档号：民 059 - 02 - 3131。
四川省档案馆藏四川省财政厅档案，档号：民 059 - 02 - 3905。
四川省档案馆藏四川省财政厅档案，档号：民 059 - 03 - 4845。
四川省档案馆藏四川省财政厅档案，档号：民 059 - 03 - 5786。
四川省档案馆藏四川省财政厅档案，档号：民 059 - 04 - 6197。
四川省档案馆藏四川省财政厅档案，档号：民 059 - 04 - 6244。
四川省档案馆藏四川省财政厅档案，档号：民 059 - 04 - 6488。
四川省档案馆藏四川省财政厅档案，档号：民 059 - 04 - 7994。
四川省档案馆藏四川省财政厅档案，档号：民 059 - 04 - 7996。
四川省档案馆藏四川省财政厅档案，档号：民 059 - 04 - 8001。

《四川省政府公报》1942 年第 317 期。

《四川省政府公报》1947 年第 668 期。

唐庆永：《论县银行制度》，《金融导报》1940 年第 4 期。

滕茂桐：《光复后东北的银行》，《金融周报》1948 年第 18 卷第 2 期。

天津财经大学、天津市档案馆：《金城银行档案史料选编》，天津人民出版社 2010 年版。

韦宇宙：《论县财政与县银行》，《财政知识》1943 年第 3 期。

魏颂唐：《浙江农工银行问题》，《银行周报》1927 年第 43 期。

熊国清：《农工银行与中国国民经济》，《中大季刊》1927 年第 4 期。

吴承禧：《论县银行制》，《经济周报》1947 年第 5 卷第 2 期。

羲农：《我国农工银行之沿革组织及其现状》，《银行周报》1919 年第 20—21 期。

晓帆：《合作金库、县银行、农民信用贷款所》，《合作评论》1941 年第 1 卷第 2 期。

萧大镛：《论县乡银行制度》，《安徽政治》1942 年第 2—3 期。

许廷星：《战后县银行存废问题》，《四川经济》（季刊）1945年第3期。

《训令：浙江地方实业银行、杭县农工银行酌量任用商校毕业生文》，《浙江财政月刊》1919年第26期。

姚溥荪：《县银行与合作金库》，《农贷消息半月刊》1941年第10期。

袁宗蔚：《改进各县县银行业务拟议》，《财政评论》1944年第6期。

袁榜先：《现阶段县银行业务之检讨》，《经建季刊》1946年创刊号。

《银行月刊》1925年第6卷第2期。

《银行周报》第3卷第112号，1919年8月19日。

聿攸：《泸县县银行概况》，《川南工商》1945年第2卷第3期。

游德光：《论县银行制度》，《钱业月报》1947年第18卷第1期。

章乃器：《民国二十二年国内金融之回顾》，《社会经济月报》1934年第1卷第1期。

《长安县银行提高存款利率》，《陕行汇刊》1947年第5卷第6期。

《长沙农工银行提倡农工储蓄》，《中行月刊》1933年第7卷第1期。

《长汀县银行营业概况表》，《广东省银行季刊》1942年第2卷第3期。

《浙江合作》1934年第20期。

《浙江省建设月刊》1932年第5卷第10期。

《浙江省县农民银行职员训练班章程》，《浙江省建设月刊》1934年第8卷第1期。

《政治成绩统计》1934年第6期。

周泽亨：《三十三年茂县经济动态》，《四川经济（季刊）》1945年第2卷第2期。

中国第二历史档案馆：《中华民国史档案资料汇编》第三辑金融（一），江苏古籍出版社1991年版。

中国第二历史档案馆：《中华民国史档案资料汇编》第五辑第三编财政经济（二），江苏古籍出版社2000年版。

中国第二历史档案馆：《中华民国史档案资料汇编》第三辑农商（一），凤凰出版社1991年版。

中国人民银行江苏省分行、江苏省金融志编委会：《中华民国金融法规档案资料选编》，档案出版社1989年版。

中国人民银行上海市分行：《上海商业银行储蓄史料》，上海人民出版社1990年版。

中国人民银行上海市分行金融研究室：《金城银行史料》，上海人民出版社1983年版。

《中国银行二十一年度营业报告书》，《银行周报》1933年第750期。

中国银行总行、中国第二历史档案馆：《中国银行行史资料汇编》，档案出版社1991年版。

中国银行行史编辑委员会：《中国银行行史（1912—1949）》，中国金融出版社1995年版。